Dewey Bertolini
Ich hätte ihn umbringen können

Dewey Bertolini

Ich hätte ihn umbringen können

Haß und Verbitterung überwinden

Blaukreuz-Verlag Wuppertal
Blaukreuz-Verlag Bern

Dewey Bertolini hat seine Lebensgeschichte in „Focus on the Family", im „Club 700" und in Hunderten von Schulen und Seminaren vorgestellt. Als Assistent des Vorsitzenden des Western Baptist College in Salem, Oregon, und als Verfasser von Jugendschriften für Scripture Press Publications schrieb er auch die Titel Escaping the Subtle Sellout, Sometimes I Really Hate You und Back to the Heart of Youth Work.

Die Bibelstellen wurden der „Bibel in heutigem Deutsch – Die Gute Nachricht des Alten und Neuen Testaments" entnommen, soweit nicht anders vermerkt.

Die Deutsche Bibliothek – CIP-Einheitsaufnahme

Bertolini, Dewey:
Ich hätte ihn umbringen können : Hass und Verbitterung
überwinden / Dewey Bertolini. – Wuppertal : Blaukreuz-Verl. ;
Bern : Blaukreuz-Verl., 1996
  Einheitssacht.: Secret wounds and silent cries <dt.>
  ISBN 3-89175-128-1 (Wuppertal)
  ISBN 3-85580-358-7 (Bern)

© Blaukreuz-Verlag Wuppertal 1996
© der amerikanischen Ausgabe: Dewey Bertolini, erschienen bei
Scripture Press / Victor Books, Wheaton, Illinois/USA, unter dem Titel:
„Secret Wounds and Silent Cries".
Alle Rechte vorbehalten.
Übersetzung: Lars Westmeier
Umschlaggestaltung: Andreas Junge, Witten
Satz: Blaukreuz-Verlag Wuppertal
Druck und Herstellung: St. Johannis-Druckerei, Lahr

ISBN 3 89175 128 1 Blaukreuz-Verlag Wuppertal
ISBN 3 85580 358 7 Blaukreuz-Verlag Bern

Gewidmet

meinem Mitarbeiter
und – was noch wichtiger ist –
engen Freund Tom Halstead.

Es war ein besonderes Geschenk für mich,
mit ihm in den letzten Jahren
zusammenarbeiten zu können.

Ich werde ihn nie vergessen.

Inhalt

Einführung 9

1. Verlierer oder Gewinner? 14
   Baby Blues 15
   Groß werden ist schwer 15
   Und was ist jetzt die schlechte Nachricht? 17
   Plötzlich und unerwartet 18

2. Langsamer, aber sicherer Selbstmord 24
   Verbitterung – Zerstörung von innen heraus 25
   Körperliche Zerstörung 27
   Geistige Zerstörung 28
   Zerstörung des Gefühlslebens 28
   Geistliche Zerstörung 29
   Zerstörung der Beziehungen 33
   Zerstörung der ganzen Persönlichkeit 34

3. Vergeben und vergessen? 37
   Ich und vergessen? Soll das ein Witz sein? 37
   Vergebung und Verbitterung 38
   Vergebung und unser geistlicher Kampf 40
   Vergebung und der Mensch, der uns verletzt hat 41
   Vergebung macht absolut reinen Tisch 42
   Vergebung und die Festigung unserer Persönlichkeit 42
   Vergebung und Gottes Ziele 43
   Vergebung und die ewige Herrlichkeit 46
   Ewigkeitsperspektive 47

4. Die Stunde der Wahrheit 49
   Man sollte nie „nie" sagen 50
   1. Schritt: Du mußt vergeben wollen 52

2. Schritt: Erstelle zwei Listen 54

3. Schritt: Zerreiße die erste Liste 55

4. Schritt: Erstelle eine weitere Liste 56

5. Schritt: Bedenke, daß der Heilungsprozeß Zeit braucht 59

5. Es ist nie zu spät 61

Erwarte nicht von dem anderen, daß er sich ändert 65

Unterscheide zwischen deiner Verantwortung für
andere und deinen eigenen Angelegenheiten 67

Laß dir etwas einfallen, wie du Gutes tun kannst 68

Wenn du von einem Elternteil verletzt worden bist,
bring ihm trotzdem Respekt entgegen 70

Gib deinen Gefühlen keinen zu hohen Stellenwert 71

6. Kannst du dich an Schönes erinnern? 74

Rückblick 76

Endgültiger Abschied 78

7. Die Ketten sprengen 81

Leben unter einem Fluch? 82

Eine existentielle Frage 83

Einfluß über vier Generationen hinweg 84

Die Ketten sprengen 85

Die Kette zerreißen, bevor sie dich zerreißt 86

Gehe einen Schritt nach dem anderen 90

8. Neue Einsichten gewinnen *(Fragen und Antworten)* 93

Ausklang 105

Einführung

„Ihr werdet die Wahrheit erkennen, und die Wahrheit wird euch frei machen." (Johannes 8,32)

„Jesus, fahr zur Hölle!" Viel schlimmer kann man Gott gar nicht verfluchen. Julia spie Gift und Galle, als sie diese Worte herausschrie.

Als ich sie kennenlernte, schien sie ein ganz normales Mädchen zu sein – eine typische Oberstufenschülerin, die überhaupt nicht auffiel. Einige Freunde hatten sie eingeladen zu einer einwöchigen christlichen Freizeit. Sie erschien zwar zu den Freizeitangeboten, aber nur widerwillig. Die anderen dachten wohl, sie brauchte bloß etwas länger, um sich an die neue Umgebung zu gewöhnen. Doch ich merkte schnell, daß das nicht alles war.

Eines Abends kam Julia auf mich zu. Einige Dinge, die ich während der Andacht gesagt hatte, machten ihr offenbar Schwierigkeiten. Am Anfang hatte ich die 600 Teilnehmer gefragt: „Wer von euch ist schon einmal von jemandem tief verletzt worden?" Fast alle meldeten sich spontan. Julia saß ziemlich weit hinten. Sie hatte sich nicht gerührt, noch nicht einmal aufgeblickt. Sie schaute mich auch nicht an, sie schien mich überhaupt nicht zu bemerken.

Mitten in der Predigt sprang sie plötzlich auf und rannte aus dem Saal. Ein Mitarbeiter lief ihr nach und fand sie schluchzend und völlig aufgelöst am Boden liegen.

„Ich hasse ihn! Ich hasse ihn! Wenn ich ihn nur umbringen könnte!" Er hatte Mühe, sie festzuhalten. „Ich bringe ihn um!" Ihr Rachegeschrei durchdrang die Stille des Abends.

Als sie sich schließlich beruhigt hatte, erzählte sie mir alles. Dieses Gespräch werde ich mein Leben lang nicht vergessen. Noch immer kommt es mir so vor, als sei es gestern gewesen.

„Vor drei Monaten haben sie mich aus dem Krankenhaus entlassen. Es war die reinste Hölle für mich. Sie haben mich ans Bett gefesselt, weil sie Angst hatten, ich könnte mich umbringen. Sieh dir meine Handgelenke an. Siehst du die Narben? Ich habe es oft genug versucht. Aber nicht einmal das schaffe ich!"

„Warum mußte meine Mutter mich auch finden?" klagte sie. „Warum hat sie mich nicht einfach sterben lassen? Sie will mich doch sowieso nicht. Auf dem Weg ins Krankenhaus hat sie mich die ganze Zeit nur angeschrien: ‚Geh doch zum Teufel, Julia! Du hast mir immer nur Schwierigkeiten gemacht. Eigentlich solltest du gar nicht geboren werden – du warst ein Unfall. Hast du mich verstanden? Ein Unfall! Und das nach all dem, was ich für dich getan habe. Ich hätte dich einfach verbluten lassen sollen.'"

Sie erzählte immer weiter, ich saß nur schweigend da und hörte zu. „Mit fünf bin ich zum erstenmal von meinem Vater vergewaltigt worden. Kannst du dir vorstellen, wie das ist? Jede Nacht völlig verängstigt im Bett zu liegen und nur darauf zu warten, daß er sich wieder reinschleicht? Und sein dreckige Grinsen, jedesmal, wenn meine Mutter einkaufen ging? Die ständigen Drohungen, daß er mir das Gesicht aufschlitzt, wenn ich auch nur einem einzigen Menschen etwas sage? Und dann meine ganzen Freunde, die mir dauernd erzählten, was für einen tollen Vater ich doch hätte. Ich komme mir vor wie der letzte Dreck.

Irgendwann habe ich es nicht mehr ausgehalten und habe es meiner Freundin Sarah erzählt. Sie hat es überall in der Schule herumposaunt. Jetzt werde ich nur noch ‚Hure' oder ‚Nutte' genannt. Die wissen doch gar nicht, wie das ist. Die haben doch überhaupt keine Ahnung, wie weh das tut.

Dann streiten sich meine Eltern auch immer – meistens über Geld. Dauernd halten sie mir vor, ich störe sowieso nur, verursache nur weitere Kosten. Irgendwann habe ich es nicht mehr ausgehalten und bin abgehauen.

Dann habe ich angefangen, Drogen zu nehmen. Klar, irgendwann bringt einen das ins Grab – ich habe ja auch die ganzen Anti-Drogen-Slogans gehört –, aber aus welchem Grund hätte ich denn noch weiterleben sollen? Und außerdem habe ich mich danach gesehnt, diesen ständigen Schmerz einmal zu vergessen. Ich habe Crack geraucht, was ist schon so schlimm daran? Ab und zu high zu sein, ist auf jeden Fall besser, als die ganze Zeit diesen Schmerz

zu spüren. Später habe ich alles getan, um an den Stoff heranzu-
kommen. Sogar anschaffen gegangen bin ich."

Julia erzählte eineinhalb Stunden lang so weiter. Die ganze Zeit
unterbrach ich sie nicht. Sie hätte sich die ganze Geschichte auch
ausgedacht haben können, aber eines war ganz sicher: Sie haßte
ihren Vater abgrundtief.

Als ich ihr vorschlug zu beten, spottete sie nur: „Ich, beten? Ja,
sicherlich." Ich wußte nicht recht, was ich darauf erwidern sollte.
„Es ist ganz leicht, Julia. Du kannst mit Gott genauso sprechen wie
mit mir. Sag ihm einfach alles, was du möchtest."

„Wirklich alles?"

„Ja. Stell dir einfach vor, er säße hier direkt neben dir. Sag ihm,
was er für dich tun kann."

Julia neigte den Kopf und brüllte: „Fahr zur Hölle, Jesus!" Dann
brach sie zusammen und weinte hemmungslos.

Um diese verfahrene Situation wieder unter Kontrolle zu bekommen, fragte ich: „Warum hast du das gesagt?" Zornig schaute sie
auf und schrie: „Weil er meine beiden besten Freunde umgebracht
hat! Bill hat sich aufgehängt und Nancy hat sich mit der Pistole
ihres Vaters eine Kugel in den Kopf gejagt. Gott hätte das verhindern können, aber er hat es nicht getan, hat sie einfach sterben lassen. Er hat mir alles weggenommen und jetzt auch noch sie. Ich
hasse ihn. Ich werde ihn immer dafür hassen!"

Mittlerweile habe ich mit Tausenden von Jugendlichen und
Erwachsenen gesprochen, die Bitterkeit und Rachegedanken gegen
jemanden hegen, weil in ihnen versteckt ein tiefer Haß brennt. Oft
ist diese Bitterkeit die Ursache von Problemen, die von Depressionen über Selbstmord und Magersucht bis sogar zum Mord reichen.
Die Konsequenzen der Verbitterung lassen sich leicht vorhersagen.

Jedesmal, wenn ich dieses Thema in einem Vortrag anschneide,
kommen betroffene Leute zu mir. Sie erzählen ihre herzzerreißen-
de Geschichte und lassen eine wahre Lawine von Gefühlen heraus,
die sie und andere für Monate, Jahre oder Jahrzehnte gefangenhiel-
ten. Unzählige erlitten ein ähnliches Schicksal wie Julia.

Verbitterung kennt keine Grenzen. Der ethnische Hintergrund,
das Bankkonto oder das Alter spielen dabei keine Rolle. Haß ist

nicht an das Geschlecht oder den Beruf der Betroffenen gebunden. Sie fahren mit dem Bus, ihrem eigenen Ferrari oder mit dem Fahrrad. Einige leben auf dem Land, andere in Kleinstädten, während wieder andere sich Tag für Tag fluchend durch den Großstadtverkehr kämpfen. Manche bewohnen die größten Villen, andere schmutzige Hinterhofverschläge. Verbitterte Menschen müssen nichts gemein haben – bis auf eines: jeder von ihnen ist von einem anderen Menschen tief verletzt, enttäuscht, mißbraucht, abgelehnt, betrogen oder hintergangen worden.

Ich kann mich in diese Menschen hineinversetzen. Mein halbes Leben lang hat mich Verbitterung gefangengehalten. Schon mit sieben Jahren begann mich ein seelischer Mangel langsam, Stück für Stück, zu zerstören. Siebzehn Jahre lang – bis zum Alter von vierundzwanzig – gestattete ich mir, einen Menschen zu hassen. Und dieser Haß brachte mich beinahe um.

Verborgene Verletzungen und stumme Schreie – das ist meine Geschichte. Ich mußte entdecken, daß diese Geschichte sich tragischerweise oftmals wiederholt. Ich vermute, daß sich verborgene Verletzungen und stumme Schreie an vielen Stellen mit deiner Geschichte decken. Wenn sie sich auch in Einzelheiten unterscheiden, so haben wir doch den Schmerz und die ganze Zerstörung gemeinsam.

Ich beabsichtigte nicht, das ganze Thema nur theoretisch zu behandeln. Niemandem hilft es, wenn er nur wissenschaftliche Informationen aufnimmt. Vielmehr schreibe ich als jemand, der dies auch durchmachen mußte, der das gefühlt hat, was du empfindest, der das gleiche wie du erfahren hat. Kurzum, ich weiß, wovon ich schreibe.

Zusätzlich habe ich dieses Thema anhand der Bibel untersucht. Was ich dabei entdeckte, habe ich auf meine eigene Situation angewandt und bin nun ein lebender Beweis dafür, daß das Wort Gottes wirklich freimachen kann (Johannes 8,32).

An jenem Abend der Freizeit ist etwas mit mir geschehen, und seitdem kann ich mich nicht mehr davon losreißen. Noch immer muß ich an Julias Augen denken, ihre Schreie verfolgen mich. Ihr Schmerz und der ungezählter anderer, die mir ihre Erfahrungen anvertraut haben, bedrückt mich sehr. Dieses Buch ist eigentlich ihr Buch. Ich habe es in der Hoffnung geschrieben, daß ich ihnen damit etwas in die Hand geben kann, was ihnen bleibend hilft und sie ermutigt. Ich bete dafür, daß du dich in diesem Buch wiederentdeckst und daß es dir die Fragen beantwortet, die dich dazu gebracht haben, es zu lesen. Gott möge dir einen Sieg in deinem Kampf gegen die Verbitterung schenken.

Kapitel 1
Verlierer oder Gewinner?

„Schaut doch euch selbst an, Brüder! Wen hat Gott denn da berufen? Kaum einer von euch ist ein gebildeter oder mächtiger oder angesehener Mann. Gott hat sich vielmehr die Einfältigen und Machtlosen ausgesucht, um die Klugen und Mächtigen zu demütigen. Er hat sich die Geringen und Verachteten ausgesucht, die nichts gelten, denn er wollte die zu nichts machen, die vor den Menschen etwas sind. Niemand soll vor Gott mit irgend etwas auftrumpfen können.“ (1. Konrinther 1,26-29)

Im Alter von sieben Jahren begann ich den Kampf mit der Bitterkeit. Seitdem sind einunddreißig Jahre vergangen, aber die Erinnerungen an meine leidvolle Kindheit sind noch immer da.

Auf die Frage: „Was ist dein größter Wunsch?" hätte ich damals ohne Zögern geantwortet: „Ich wünsche mir nichts sehnlicher, als daß ich wüßte: Mein Vater ist stolz auf mich." Wieder und wieder stellte ich mir diese Szene vor: Mein Vater steht lachend und scherzend mit ein paar Freunden zusammen. Ich komme auf ihn zu, und sofort richtet sich seine ganze Aufmerksamkeit auf mich. Als er mich seinen Freunden vorstellen will, legt er seinen Arm um meine Schulter.

Dann geschieht eine geheimnisvolle Veränderung. Seine Augen fangen so zu strahlen an wie bei einem stolzen Vater. Er beginnt, so wie stolze Väter das nun einmal tun, zu lächeln. Als nächstes drückt er seine Brust ein bißchen heraus – wie stolze Väter das machen. Und in genau dieser stolzen Haltung kommen die Worte über seine Lippen, nach denen ich mich gesehnt habe: „Das ist mein Sohn!" Vier einfache Wörter – sollte ich sie jemals hören?

Baby Blues

Noch nie hatte sich mein Vater so gefreut wie in der Nacht des 21. Juli 1952, als eine Krankenschwester in das Wartezimmer der Entbindungsstation kam und ihm die Nachricht überbrachte, er sei soeben Vater eines prächtigen Jungen geworden. Sofort lief er durch die Gänge des Krankenhauses und rief mit seiner dröhnenden Stimme: „Es ist ein Junge, es ist ein Junge!" Vor Freude verteilte er überall Zigarren.

Sicherlich würdest du dich freuen, wenn dein Vater so froh und stolz über deine Geburt gewesen wäre. Aber eines Tages sollte mir aufgehen, *warum* mein Vater so froh war: er wünschte sich, daß ich einmal Profisportler würde. Von klein auf wurde mir eingetrichtert, ich solle einmal eine Goldmedaille bei den Olympischen Spielen gewinnen oder zumindest ein berühmter Basketballstar werden. Mein Vater war überzeugt, ich würde eines Tages einen Millionenvertrag unterzeichnen und eine nationale Größe sein.

Ich war ein gesundes Kind – zumindest schien es so. Mein Leben verlief ganz normal bis zum Alter von achtzehn Monaten. Aufgrund einer Drüsen-Fehlfunktion hörte ich dann plötzlich auf zu wachsen. Das bereitete den großartigen Träumen meines Vaters ein jähes Ende.

Während der gesamten Grundschulzeit und noch danach war ich immer der Kleinste und Unsportlichste der Klasse. Mein Vater gab jedem deutlich zu verstehen, daß er sich meiner schämte. Diese Ablehnung entfachte einen glühenden Haß in mir.

Groß werden ist schwer

Vor einigen Jahren wurde ich bei einem Gesellschaftsspiel aufgefordert, vom traurigsten Tag meines Lebens zu erzählen. Sofort kamen mir zwei Ereignisse in den Sinn. Das erste passierte, als ich sieben war.

Als mein Vater eines Tages von der Arbeit nach Hause kam, rief er mich aufgeregt zu sich. Er überreichte mir eine große Tasche, in der ich eine komplette Football-Ausrüstung fand. Statt der

Ausrüstung hätte ich genausogut ein Zelt „anziehen" können. Mit meinen kleinen Händen bekam ich den Football nicht einmal richtig zu fassen. Eine dreiviertel Stunde lang versuchte mein Vater verzweifelt, mir beizubringen, wie man den Football richtig wirft. Es war sinnlos – meine Würfe erreichten nie ihr Ziel.

In einem Wutanfall entriß er mir den Ball. Wie gelähmt mußte ich zusehen, wie er von Haustür zu Haustür ging und alle meine Freunde zu einem Footballspiel einlud. Nachdem zwei Mannschaften aufgestellt waren, fragte ich meinen Vater, wo ich denn spielen solle. Er drehte sich um und schrie, wobei sich seine Stimme überschlug: „Halt deinen Mund und setz dich! Du wirst mich nicht vor allen anderen blamieren!"

Meine Freunde und ich sagten keinen Ton. Vergebens versuchte ich mit aller Kraft, die strömenden Tränen zurückzuhalten. An jenem Nachmittag starb etwas in mir. Meine Verbitterung wurde immer größer.

Die zweite Begebenheit trug sich an einem sonnigen Sonntagnachmittag auf dem McCambridge-Baseballplatz in Burbank in Kalifornien zu. Sie hatte wieder etwas mit der Enttäuschung meines Vaters über meine Unsportlichkeit zu tun.

Mein Vater und ich setzten uns ziemlich weit oben auf die Tribüne. Wir schauten uns zwei Stunden lang das Spiel an, als er mich plötzlich anschrie: „Warum kannst du nicht so gut spielen? Warum kannst du nicht so werfen wie sie und so fangen und schlagen wie sie?" Dann sagte er etwas, was ich nie vergessen werde: „Dewey, ich frage mich ernsthaft, ob du überhaupt einmal ein wirklicher Mann wirst." Seine Worte tun mir heute noch weh. Es kam mir so vor, als ob mir jemand einen Dolch in den Bauch gestoßen und umgedreht hätte. Zwei Gefühle waren das einzige, was ich noch wahrnahm: einen unbeschreiblichen Haß auf meinen Vater und das Verlangen, ihm zu beweisen, daß er mit seiner Annahme falsch lag.

Kannst du dir vorstellen, wie weh es tut, jeden Morgen aufzuwachen und im Spiegel nur das Bild eines Versagers zu sehen? Hat man dich jemals gezwungen, einen absoluten „Nichtsnutz" zu kämmen und ihm die Zähne zu putzen? Weil genau dieses Bild mir von meinem Vater einsuggeriert worden war, mußte ich diesen Schmerz Tag für Tag ertragen.

In den folgenden beiden Jahren wurde meine Verbitterung ständig größer. Sie wurde von den unsinnigen Erwartungen gesteigert, die mein Vater nicht nur an mich stellte, sondern auch an meine Mutter und meine beiden jüngeren Schwestern. Ich erinnere mich noch lebhaft daran, wie er eines Nachts betrunken nach Hause kam. Meine Mutter floh mit meinen Schwestern und mir in ein Hotel, wo wir die Nacht verbrachten. Wir fürchteten buchstäblich um unser Leben.

Ein anderes Mal mußte ich mitansehen, wie er ein Messer nahm und alle Kleider meiner Mutter zerfetzte. Ungezählte Male hörte ich, wie er meiner Mutter Gewalt androhte. Seine Übergriffe fachten meinen Haß nur noch weiter an.

Und was ist jetzt die schlechte Nachricht?

Als ich sechzehn war, nahm mein Leben eine unerwartete Wendung. Jenen verhängnisvollen Nachmittag werde ich nie vergessen. Ich fühlte, daß etwas Eigenartiges passieren würde – meine Eltern stritten sich nämlich nicht wie sonst. Schließlich rief mich meine Mutter ins Schlafzimmer. Ich sollte mich hinsetzen. Sie schaute mich an und sagte: „Ich habe eine schlechte Nachricht für dich. Dein Vater und ich haben beschlossen, uns scheiden zu lassen." Während ich darauf wartete, daß sie noch mehr sagte, dachte ich: „So, und was ist jetzt die schlechte Nachricht?" Am liebsten hätte ich auf der Stelle ein Fest gefeiert.

Natürlich war ich klug genug, nun das trauernde, zurückgelassene Kind zu spielen. Als ich das Gepäck meines Vaters zum Wagen trug, drehte ich mich zu ihm um und sagte mitfühlend: „Vati, ich möchte nicht, daß du gehst. Danke für die ganzen Erinnerungen und laß uns in Verbindung bleiben."

Als die Rücklichter immer kleiner wurden und schließlich ganz verschwanden, legte ich ein Gelübde ab. Ich schwor, daß ich jenen Menschen niemals wiedersehen noch mit ihm sprechen würde. Was auch passieren würde, ich wollte absolut nichts mehr mit ihm zu tun haben. Immer wenn er anrief, legte ich sofort auf. Freudig zerriß und zerstückelte ich jede Karte und jeden Brief von ihm. Er kapierte schnell, was ich ihm damit sagen wollte: „Vater, du hast in meinem Leben absolut gar nichts mehr zu suchen!" Das Feuer meines Hasses brannte immer weiter.

Damals betete ich gewöhnlich: „Gott, ich weiß nicht, wo mein Vater gerade ist, aber du weißt es. Ich kann nicht sehen, was er gerade tut, aber du siehst es. Ich habe gehört, daß du ein paar Blitze da oben im Himmel auf Lager hast. Außerdem sollst du ein ziemlich guter Schütze sein. Kannst du nicht einen herunterschicken und meinen Vater einfach wegblasen?" Mein Einfallsreichtum kannte keine Grenzen. Nächtelang lag ich wach und plante die Hinrichtung meines Vaters. Ich wünschte mir nichts sehnlicher, als ihn leiden zu sehen. Das Feuer in mir war außer Kontrolle geraten.

Plötzlich und unerwartet

Einige Monate nach der Scheidung meiner Eltern lud ich Jesus Christus ein, in mein Leben zu kommen. Ich hatte bis dahin noch nie eine Predigt gehört, auch kannte ich nicht einen einzigen Bibelvers. An einem ereignislosen Abend im Juli 1969 vollzog sich in meinem Leben eine radikale Veränderung.

Gelangweilt schaltete ich in meinem Zimmer den Fernseher an und wechselte von einem Kanal zum anderen. Plötzlich ließen mich folgende Worte aufhorchen: „Gott hat die Schwachen der Welt erwählt. Er hat sich die niedrigen Dinge der Welt ausgesucht. Er liebt Verlierer. Er liebt Versager. Er liebt ‚Nobodys'. Er liebt die Ausgestoßenen. Er liebt dich so, wie du bist. Andere haben dich vielleicht abgelehnt, sich über dich lustig gemacht, dich unterdrückt und dich lächerlich gemacht, aber Jesus Christus wird das nie tun. Er ist für dich gestorben, hat deinetwegen sein Blut vergossen und ist für dich von den Toten auferstanden." Billy Grahams Worte fesselten mich so sehr, daß ich mich setzen mußte. Noch nie hatte ich so etwas gehört. Wie versteinert saß ich während der gesamten Fernsehsendung da.

Billy Graham hielt diese Evangelisation im Madison Square Garden in New York, während ich von meinem Zimmer aus in Kalifornien zusah. Als er dazu aufrief, Christus anzunehmen, strömte eine wahre Menschenmasse nach vorn. Ich hingegen dachte nur: „Was gäbe ich darum, jetzt da zu sein, um Christus auch annehmen zu können. Genau in diesem Augenblick sah der Prediger in die Kamera und sagte: „Auch wenn du dir diese Sendung im Fernsehen ansiehst, kannst du das gleiche wie diese Leute hier tun." Ich kniete mich vor mein Bett und sprach dieses einfache Gebet: „Jesus, ich komme mir wie ein totaler Versager vor. Ich hätte nicht gedacht, daß überhaupt jemand Verlierer liebt, vor allem nicht, daß jemand mich liebt. Ich habe dir nichts zu bieten. Wenn du mich wirklich so annimmst, wie ich bin, dann will ich dir mein ganzes Leben geben."

Natürlich sollte sich mein Erfahrungsbericht nun in etwa weiter so anhören: „Ich sprang auf und fühlte, wie mich eine unbeschreibliche Liebe für meinen Vater durchströmte. Sofort rief ich ihn an, wir versöhnten uns und leben jetzt glücklich zusammen." Doch es kam ganz anders.

Ich fing an, in der Bibel zu lesen. Das Neue Testament hatte ich nach nur drei Monaten durch. Während dieser Zeit stieß ich immer wieder auf überraschende Aussagen wie: „Ihr Männer, liebt eure Frauen so, wie Christus seine Gemeinde geliebt hat! Er hat sein Leben für sie gegeben" (Epheser 5,25). Ich dachte mir: „Genau! Mein Vater hat meine Mutter so sehr geliebt, das er ihre Kleider mit einem Messer zerfetzt hat."

Eine andere Textstelle lautete: „Ihr Eltern, behandelt eure Kinder nicht so, daß sie widerspenstig werden! Erzieht sie mit Wort und Tat nach den Maßstäben, die der Herr gesetzt hat" (Epheser 6,4). „Das muß ja wohl ein Witz sein!" dachte ich. „Sag du ihm das, Gott. Sag ihm, daß er mich nicht vor meinen Freunden demütigen sollte. Sag ihm, daß er mich nicht immer mit seinen endlosen Beschimpfungen erniedrigen sollte." Je weiter ich las, desto mehr wurde mir bestätigt, wie sehr mein Vater versagt hatte. Das Feuer in mir explodierte regelrecht, wurde zu einem wahren Flammeninferno.

Die Wurzel der Bitterkeit ist wahrscheinlich das zerstörerischste Gefühl des Menschen. Die Narben können ein Leben lang bestehen bleiben. Ein weiteres Beispiel soll das veranschaulichen:

Während meines letzten Jahres auf der Schule begannen sich die

Dinge zu ändern. Ich wurde doch noch größer. Zwar nur ein bißchen, aber jedes Bißchen war eine willkommene Überraschung. Außerdem wurde ich sportlicher, konnte meine Bewegungen langsam besser koordinieren.

Einige meiner Freunde stellten für die Softball-Stadtmeisterschaft eine Mannschaft zusammen und fragten mich, ob ich nicht wenigstens versuchen wolle mitzuspielen. Ich überwand mich und sagte zu. Beklommen und ängstlich kam ich am Sportplatz an. Mein ganzes Selbstwertgefühl stand auf dem Spiel. Ich hatte noch nie einen Ball getroffen!

Der Trainer rief mir die Position zu, die ich einnehmen sollte. Daraufhin warf er mir einige harte Bälle zu. Zum Erstaunen meiner Freunde fing ich jeden. Auch jeder meiner Würfe traf genau das angepeilte Ziel. Am Ende des Spiels war ich nicht ein einziges Mal ausgetauscht worden.

Wir hatten eine Traumsaison und blieben ohne Niederlage. Außer unserer Mannschaft war nur noch eine andere ungeschlagen. Am letzten Tag der Saison trafen wir aufeinander. Vor dem Spiel wurden die Pokale ausgestellt. Als ich sie so in der Sonne funkeln sah, stieg in mir ein unheimlich starkes Verlangen danach hoch, einen zu gewinnen.

Für die Zuschauer war es ein Traumspiel. Nach sechs Runden stand es 6:6 – unentschieden. Zu Beginn der letzten Runde erkämpfte sich das andere Team einen Punkt. Unser erster Schlagmann traf den Ball nicht richtig und schied aus. Der nächste Schlagmann schlug den Ball weit ins Feld, so daß er wenigstens zum ersten Ziel laufen konnte. Der dritte schied auch aus. Nun war ich an der Reihe. Sollte ich auch ausscheiden, wäre das Spiel verloren. Alles hing nun von mir ab. Ich schnappte mir meinen Schläger und lief auf das Feld. Einen solch guten Schlag, wie wir ihn jetzt brauchten, hatte ich noch nie geschafft. Alles um mich herum nahm ich kaum noch war.

Den ersten Wurf sah ich nicht einmal. Er war blitzschnell. Ich hörte nur das Zischen des Balles, als er an mir vorbeiflog, und seinen Aufprall hinter mir – der erste Fehlschlag.

Der Schweiß lief mir die Stirn herab, und die Last der Verantwortung drückte mich innerlich zu Boden. Ich nahm wieder meine

Position ein und blickte zum Werfer, der gerade ausholte. Wieder nur ein Zischen – der zweite Fehlschlag.

Die Auswechselspieler meiner Mannschaft liefen aufgeregt am Spielfeldrand durcheinander und feuerten mich an. Von überall her hörte ich Leute rufen, grölen, singen. Mir kam es vor, als ob die ganze Saison, die Meisterschaft, ja sogar die ganze Welt auf meinen Schultern lastete. Die Pokale schienen mich mit ihrem Gefunkel verhöhnen zu wollen.

Was dann geschah, weiß ich nicht mehr genau. Als ich hörte, wie der Schläger den Ball traf, lief ich automatisch los. Der Ball flog bis ans Ende des Spielfeldes. Ich rannte, als ob der Leibhaftige selbst hinter mir her wäre. Als ich das zweite Zwischenziel erreichte, signalisierte mir der Trainer, ich solle bis zum Ende rennen. Fast dort angekommen, riefen alle: „Spring! Spring!" Ich warf mich auf das Ziel zu. Gerade als ich es berührte, fiel jemand auf mich. Hatte ich es geschafft? Alles war totenstill, alles wartete auf die Entscheidung des Schiedsrichters, ob ich vor oder nach der Berührung durch meinen Gegner das Ziel erreicht hatte. Er hielt das Schicksal zweier Mannschaften in seiner Hand. Nach einer halben Ewigkeit entschied er schließlich für uns. Die Menge tobte.

Sportler benehmen sich zuweilen etwas verrückt, wenn sie gewinnen. Du hättest meine Mannschaftskameraden sehen sollen – Händedrücken, Umarmungen, Jubelrufe. Auf unserer Bank war eine Party in vollem Gange. Wir fühlten uns, als ob wir gerade die Weltmeisterschaft gewonnen hätten!

Niemand bemerkte, wie ich mich dem Trubel an unserer Bank entzog und das Feld betrat. Niemand schien meinen glasigen, starren Blick wahrzunehmen. Niemand achtete auf mich, als ich zur Tribüne hinaufschaute.

Kannst du dir vorstellen, wo ich meine Mannschaft zum Sieg geführt hatte? Ausgerechnet auf dem McCambridge-Sportplatz! Mein Vater war zwar nicht hier, aber mit meinem geistigen Auge sah ich ihn ziemlich weit oben auf der Tribüne sitzen. Geschlagene sechs Jahre hatte ich auf diesen Augenblick gewartet. Tränen rannen mir über das Gesicht, als ich flüsterte: „Vati, das war für dich. Bist du jetzt endlich zufrieden?"

Bis heute kann ich kein Softballfeld betreten oder einen Schläger in die Hand nehmen, ohne diese leise Stimme in mir zu hören: „Warum kannst nicht so gut spielen? Warum kannst du nicht so werfen und schlagen und fangen wie die anderen?"

Ich habe dir meine Vorgeschichte nicht erzählt, weil ich bemitleidet werden will, sondern um dir zu zeigen, welchen Lebenshintergrund ich habe. Viele Jahre lang habe ich meinem Vater nicht erlaubt, mich zu sehen oder mich zu sprechen. Körperlich konnte ich mich zwar von ihm distanzieren, gefühlsmäßig aber nicht. Ich haßte ihn abgrundtief.

Plötzlich und völlig unerwartet erschien mein Vater wieder in meinem Leben. Der Schock jenes Tages sitzt mir auch heute noch in den Knochen. Es war in einer tief im Wald gelegenen Blockhütte, wo wir uns wieder begegneten.

Als ich meinen Vater sah, war auch die alte Wut wieder da, und instinktiv suchten meine Augen nach einem Gegenstand, den ich nach ihm werfen konnte. Mein Vater streckte mir aber seine Hand zur Begrüßung entgegen. Ich zitterte vor Wut und ballte die Fäuste, als er einen Schritt auf mich zu machte. Was ich in den nächsten dreißig Sekunden tat, veränderte mein weiteres Leben total. Darüber später mehr.

Wie sieht es mit dir aus?

1. Sind meine Erfahrungen vergleichbar mit etwas, was dir widerfahren ist? Hast du Ähnlichkeiten mit deinen Gefühlen, Reaktionen, Gedanken und Handlungen entdeckt?

2. Gibt es jemanden, den du verletzen oder zerstören wolltest? Hast du deinen Rachegedanken gestattet, mit dir durchzugehen? Hast du Gott schon einmal darum gebeten, jemanden mit einem Blitz zu erschlagen oder etwas Ähnliches? Fühlst du noch immer so?

3. Es wäre unredlich von mir, mit dir über Verbitterung zu reden, hätte ich nicht zuerst meinen eigenen „Kampf gegen die Verbitterung" bestritten. Auf Einzelheiten werde ich später zu sprechen kommen – jetzt möchte ich dir nur sagen, daß völlige Heilung

möglich ist. Wenn Gott mich verändern kann, kann er das sicherlich auch bei dir. Wenn du erfahren möchtest, wie das möglich ist, lies einfach weiter. Wenn du dir sagst, daß du dich nicht ändern wirst – komme, was wolle –, dann lies erst recht weiter. Das nächste Kapitel habe ich extra für dich geschrieben.

Kapitel 2
Langsamer, aber sicherer Selbstmord

„Seid auf der Hut, daß niemand die Gnade Gottes verscherzt und daß nicht jemand wie eine giftige Wurzel ausschlägt und viele vergiftet." (Hebräer 12,15)

„Ich hasse meinen Vater!" schrie ein Teenager. „Meiner Familie ist es doch ganz egal, ob ich lebe oder sterbe!" klagte ein anderer. Solche verheerenden Aussagen haben meine Gefühle jahrelang angegriffen.

Eine Oberschülerin klammerte sich hemmungslos schluchzend an mich, als ob es um ihr Leben ginge. Was sollte ich entgegnen, als sie mir erzählte, ihr älterer Bruder verdiene seinen Lebensunterhalt mit dem Verkauf von Drogen? „Er hat mich auf den Fußboden gedrückt und versucht, mir seine Pillen in den Mund zu pressen. Er meinte: ‚Wenn ich es schaffe, dich süchtig zu machen, wirst du bei mir kaufen müssen!' Warum haßt mich mein Bruder so?"

Ein anderer Schüler brach zusammen, während er mir seine Geschichte erzählte. „Alle meine Kameraden nennen mich ‚Ekel'. ‚Hallo Ekel. Wie geht es dir, Ekel?'" Bittend schaute er zu mir auf und stellte mir die für ihn wohl wichtigste Frage: „Meinst du auch, ich sehe eklig aus?" Im Laufe der Jahre habe ich festgestellt, daß es manchmal in meiner Hand liegt, ein zerbrechliches Leben zu zerstören oder es wieder aufzurichten. Dies war so eine Situation. Ich umarmte ihn und rief: „Überhaupt nicht!" Auf dem dunklen Bürgersteig brachen wir in Tränen aus.

So etwa sehen viele meiner normalen Arbeitstage aus. Seit einundzwanzig Jahren kümmere ich mich um Teenager, die besondere Probleme haben. Ihre entsetzlichen Berichte ähneln sich sehr.

Weißt du, was mir aber noch viel mehr weh tut? Diese langsame, aber stetige Selbstzerstörung beobachten zu müssen, die durch Verbitterung verursacht wird. Wie ein bösartiger Tumor treibt sie

Wurzeln, wächst, breitet sich aus und führt schließlich zur Zerstörung (Hebräer 12,15). Ich habe durch meine eigenen Erfahrungen und die anderer entdeckt, daß Verbitterung, die Wurzeln schlägt, in den langsamen, aber sicheren Selbstmord führt.

Verbitterung – Zerstörung von innen heraus

In diesem Zusammenhang möchte ich auf zwei wichtige Wörter näher eingehen.

1. **Wurzel.** Normalerweise ist dies kein sonderlich beeindruckendes Wort, dient aber in diesem Zusammenhang als hilfreicher Vergleich.

Jedes Frühjahr jäte ich zusammen mit meinem Sohn in unserem Garten Unkraut. Dann erinnern wir uns gegenseitig daran, unbedingt auch immer die Wurzel des Unkrauts mit herauszuziehen.

Fünf Vergleiche über diese häßlichen „unterirdischen Pflanzenteile" sind mir gekommen:

● Wurzeln wachsen unter der Erde, also für uns unsichtbar. In einem Gartenbuch lese ich: „An den Wurzelenden sind empfindliche Spitzen. Jede dieser Spitzen läßt neue Zellen entstehen. Diese Zellen ziehen die Wurzel tiefer und weiter in die Erde." – Eine Wurzel der Bitterkeit wächst unmerklich, aber stetig, Millimeter um Millimeter. Bei mir war es so – bei dir ist es nicht anders.

● Wurzeln entziehen dem Boden Nährstoffe. „Die erste Wurzel beginnt schnell damit, Haarwurzeln zu bilden, die die zum Wachstum benötigten Stoffe aus der Erde holen", lese ich weiter. – Bitterkeit kann dir deine Lebenskraft nehmen. Du bleibst ausgelaugt zurück, brichst körperlich, gefühlsmäßig, geistig und geistlich zusammen.

● Wurzeln bringen neues Unkraut hervor. Wenn man nicht aufpaßt, gerät das Unkraut außer Kontrolle und zerstört möglicherweise den ganzen Garten.

● Wurzeln verhärten sich, wenn sie sich mit einer rindenähnlichen Oberfläche überziehen. – Je länger du der Verbitterung gestattest, dein Herz mit ihrem zähen Wurzelgeflecht zu durchziehen, desto härter wird dein Herz.

● „Das gesamte Wurzelsystem verankert die Pflanze im Boden." – Der Verfasser des Hebräerbriefes warnt die Empfänger: „Darum wollen wir uns von allem freimachen, was uns beschwert, besonders von der Sünde, die sich so leicht an uns hängt. Wir wollen durchhalten in dem Lauf, zu dem wir angetreten sind" (Hebräer 12,1). Das christliche Leben wird mit einem Wettkampf verglichen. Das läßt sich auch auf den Motorsport übertragen: Einige Christen fahren die ganze Zeit mit Vollgas. Andere machen eine Vollbremsung nach der anderen und verbringen ihr Leben damit, herumzuschleudern. Schließlich müssen sie zur Reparatur die Box anfahren. – Welcher Fahrstil deines Lebens bringt dich aus der Bahn?

Vierzehn Verse später deckt der Schreiber die bedrückendste Sünde auf: „Seid auf der Hut, daß ... nicht jemand wie eine giftige Wurzel ausschlägt und viele vergiftet." Das Gift der Verbitterung wird dich in diesem Rennen nicht nur bremsen, sondern so blockieren, daß du überhaupt nicht mehr von der Stelle kommst!

Die möglichen Auswirkungen der Verbitterung können wirklich verheerend sein. Sie können sogar tödlich sein. Das bringt uns zum zweiten Wort:

2. **Selbstmord.** In diesem Zusammenhang wird dieses totgeredete Wort sehr anschaulich. Beläßt man es einfach bei der Beschreibung „sich das Leben absichtlich nehmen", dann umfaßt Selbstmord sicherlich die ganze Bandbreite der möglichen Auswirkungen der Verbitterung. Selbstmord muß nicht eine einzelne Handlung sein. Ein Selbstmord kann sich über Monate oder manchmal sogar Jahre hinziehen. Jede absichtlich herbeigeführte selbstzerstörerische Handlung kann mit unter den Begriff „Selbstmord" gefaßt werden. Tragischerweise enthält Verbitterung beides: „absichtlich" und „selbstzerstörerisch" und ist nichts anderes als langsamer, aber sicherer Selbstmord. Unser Ärger frißt uns bei lebendigem Leibe auf. Überrascht und angewidert entdeckte ich eines Tages bei mir selbst, daß mein Haß mich tatsächlich bei lebendigem Leibe auffraß. Aus meinen langjährigen Untersuchungen geht hervor, daß Verbitterung uns auf sechsfache Weise zerstören kann:

Körperliche Zerstörung

Als Gott uns schuf, rüstete er uns nicht mit einem Speicher für Haß aus. Als Jesus zu Petrus sagte, er solle „siebzigmal siebenmal" (Matthäus 18,22) vergeben, gab er nicht lediglich eine religiöse Plattheit weiter, die eine vom Krieg zerrissene Welt in eine gute Stimmung bringen sollte. Jesus nannte Petrus eine der wichtigsten Regeln dafür, wie man seine körperliche Gesundheit erhalten kann.

Verbitterung wirkt in unserem Körper wie ein Gift. Der Arzt S. I. McMillen spricht überzeugend davon, daß Verbitterung zu „eitrigen Dickdarmkatarrhn, giftigen Kröpfen, Bluthochdruck, Schlaganfällen, Arteriosklerose, Nierenkrankheiten, Kopfschmerzen, Magen- und Darmgeschwüren" führen kann. Andere körperliche Symptome können Schlaflosigkeit, rasches Ermüden oder Appetitlosigkeit sein.

Vorzeitiges Altern ist auch eine nicht ungewöhnliche Folge von Verbitterung. Als einer meiner Bekannten, ein Mittfünfziger, mir seine Verlobte vorstellte, dachte ich, es sei seine Mutter. Später erzählte er mir, seine Frau habe ein sehr schweres Leben gehabt, bevor sie Witwe wurde, und ihr Herz habe sich dadurch verhärtet.

Jahrelang hatte sie den Kopf ihres Mannes im Schoß gewiegt, während sie hilflos zusehen mußte, wie Krebsgeschwüre seinen Körper auffraßen. Innerlich schob sie Gott die Schuld für die Krankheit und schließlich für das Ableben ihres Gatten zu. Sie wußte nicht, daß der Krebs ihrer Verbitterung sie genauso zerstören würde wie ihren Geliebten der körperliche Krebs, den sie immer mehr haßte. Die Heirat mit meinem Freund bedeutete für sie den Beginn neuen Lebens.

Aber abgesehen von körperlicher Schwäche – wußtest du, daß Verbitterung psychosomatische Krankheiten hervorruft? „Hinter Kopfschmerzen oder körperlichen Schmerzen, die keine organische Ursache haben, verbergen sich häufig emotionale Konflikte", stellt McMillen weiter fest.

Geistige Zerstörung

McMillen schreibt: „In dem Augenblick, in dem ich anfange, jemanden zu hassen, werde ich sein Sklave. Nicht einmal meine Arbeit kann ich genießen, weil dieser Mensch meine Gedanken kontrolliert. Mein Groll verursacht so viele Streßhormone, daß ich schon nach wenigen Stunden Arbeit erschöpft bin. Die Arbeit, die mir früher Freude gemacht hat, ist nun eine einzige Plackerei. Sogar der Urlaub macht mir dann keine Freude mehr.

Der Mensch, den ich hasse, verfolgt mich, wohin ich auch gehe. Ich kann meine Gedanken nicht von seinem tyrannischen Griff befreien. Wenn die Restaurant-Bedienung mir ein Steak mit Kartoffeln, Spargel, Salat und Apfelkuchen mit Sahne bringt, kommt es mir vor, als sei es trockenes Brot und Wasser. Meine Zähne kauen das Essen und ich schlucke es hinunter, aber jener Mensch verhindert, daß ich es genießen kann.

Dieser mag Kilometer von meinem Schlafzimmer entfernt sein; aber grausamer als jeder Sklaventreiber peitscht er meine Gedanken bis zur Raserei. Selbst der niedrigste Leibeigene kann schlafen, nicht aber ich. Ich muß einfach anerkennen, daß ich mich jedem versklave, über dem ich meinen Zorn ausschütte.“

Findest du dich in diesem Bekenntnis wieder? Salomo hätte sich sicherlich hiermit identifizieren können. Er drückte denselben Gedanken aus, als er klagte: „Eine Schüssel Gemüse bei guten Freunden ist besser als der schönste Braten bei gehässigen Leuten“ (Sprüche 15,17).

Zerstörung des Gefühlslebens

Zwischen fortwährendem Haß und einer gestörten Gefühlswelt besteht ein Zusammenhang. Genau wie übermäßige sportliche Aktivität unserem Körper Kraft entzieht, verzehrt Bitterkeit die so sehr benötigte emotionale Energie. Das Ergebnis kann niederschmetternd sein.

Paulus empfiehlt: „Versöhnt euch wieder miteinander, bevor die

Sonne untergeht" (Epheser 4,26). Der Psychologe Paul Meier nennt einen einleuchtenden Grund für dieses Gebot: „Aufgestauter Ärger ist die häufigste Ursache von Depressionen."

Ein Mädchen beschrieb ihre Depressionen so: „Mir ist, als ob ich in ein bodenloses Loch falle, und ich kann nichts dagegen unternehmen." Verzweifelt versuchte sie, fröhlich zu sein, aber sie konnte einfach nicht genügend innere Kraft aufbringen, um sich aus diesem Loch zu befreien. Ihre Freunde und sogar ihr Jugendpastor machten ihr Vorwürfe, weil sie „die Freude am Herrn" nicht zeigte. Indem sie sie als Sünder abstempelten, stießen sie sie nur noch tiefer in dieses Loch ohne Boden.

Durch Verbitterung verursachte Depressionen können zu vielen ungesunden Verhaltensmustern führen. „Depressionen wachsen selbständig. Je schmerzlicher die Gedanken werden, desto tiefer die Depressionen. Menschen, die sich hilflos, wertlos, hoffnungslos und schuldig fühlen, werden sehr selbstkritisch und werten sich selbst ab. Dies führt zu einem Teufelskreis. Das unangemessene Denken führt zu unverantwortlichem Verhalten. Dieses wiederum nährt die Depressionen, die im Gegenzug wieder zu vermehrtem unangemessenen Denken führen", stellt Paul Meier fest und fährt fort: „Wenn Erwachsene depressiv werden, sehen sie auch depressiv aus und handeln entsprechend; wenn hingegen Jugendliche depressiv werden, überspielen sie gewöhnlich ihre Depressionen. Statt traurig zu wirken, verhält sich der Jugendliche eher streitlustig, sarkastisch oder feindselig. Ein sonst ganz normaler Teenager fängt infolge der Depression möglicherweise an zu stehlen, zu lügen, Drogen zu nehmen oder sich sexuell völlig anders zu verhalten als vorher." Er wird vielleicht sogar versuchen, sich das Leben zu nehmen.

Geistliche Zerstörung

Die Auswirkungen der Verbitterung auf die Beziehung zu Gott sind oft verheerend. Wir neigen dazu, Gott für alle unsere Probleme verantwortlich zu machen. Oft sehen unsere Gedanken etwa so aus: „Mich hat niemand gefragt, ob ich geboren werden wollte!

Und ich habe mir auch nicht diese Familie ausgesucht! Gott ist schließlich mächtig genug, diese Situation zu verhindern – wenn er nur wollte! Warum hat Gott das überhaupt zugelassen?"

Ich vergesse nicht, als ich das erste Mal der Wut begegnete, die aus solchem Denken herrühren kann. Ein Mädchen von meiner Universität war brutal vergewaltigt worden. Als sie mich danach das erste Mal sah, warf sie mir die Frage an den Kopf: „Wenn Gott einen wirklich so liebt und wenn er wirklich so mächtig ist, warum hat er dann diese Vergewaltigung zugelassen?"

Bei einem Autounfall, an dem auch ein betrunkener Fahrer beteiligt war, hatte ein Schüler seinen besten Freund verloren. Er fragte mich: „Warum hat Gott Steve umgebracht? Warum hat er das Auto nicht rechts- statt linksherum schleudern lassen?" Seine Wut richtete sich schnell von dem Betrunkenen, der den Unfall ja verursacht hatte, auf Gott, der ihn nicht verhindert hatte.

Ein Sportler, der mit einem zerschmetterten Knie vom Feld getragen wurde, schrie mich an: „Alles, was ich mir jemals gewünscht habe, war, Football zu spielen. Damit ist es jetzt aus und vorbei. Warum hat Gott meinen Gegenspieler nicht davon abgehalten, mich zu foulen?"

Unsere Verbitterung kann sich von einem Augenblick zum anderen gegen Gott richten. Manchmal stellen wir uns Gott als magisches Genie vor, der nur dazu da ist, uns jeden Wunsch zu erfüllen. Wenn er nicht genau das gewährt, was wir erwartet haben, können wir auf der Stelle wütend auf ihn werden. Die Folgen davon können uns geistlich lähmen.

So gestand mir eine Frau: „Ja, Gott und ich haben zur Zeit einen kleinen Streit." Als ich vorsichtig nachfragte, platzte es aus ihr heraus: „Was fällt Gott eigentlich ein, mich so zu behandeln? Keiner meiner Freunde muß so etwas durchmachen. Warum denn ich? Was habe ich Gott angetan? Ich habe versucht, ihm viele Jahre zu dienen, und was habe ich jetzt davon? Das hier? Und erzähle mir bitte nicht wieder diesen Blödsinn, daß mir ‚alle Dinge zum Besten dienen‘. Wenn Gott mit meinem Leben nichts besseres anzufangen hat, wer braucht ihn dann noch? Ich auf jeden Fall nicht! Von mir aus kannst du deinen Gott nehmen und ..." Abrupt wandte sie sich ab, brach in Tränen aus und lief aus meinem Büro.

Die größte Herausforderung, der ich als Redner bei Konferenzen gegenüberstehe, ist, daß ich biblische Wahrheiten irgendwie an den geistlichen Blockaden vorbeileiten muß. Wenn ich Teenager dazu aufrufe, ihr Leben Christus zu übergeben, denken einige von ihnen sicherlich: „Wieso kann ich ihm meine Ewigkeit anvertrauen, wenn er noch nicht einmal für meine Familie sorgt?"

Das einfache Wort „Vater" ist zu einem emotional belasteten Wort geworden. Viele junge Menschen übertragen die schlechten Eigenschaften ihrer Väter auf Gott. „So einen Gott anbeten? Ich doch nicht!" folgern sie oftmals.

Welche Konflikte kann nun Verbitterung im geistlichen Leben eines Menschen verursachen? Wenn du dir schon einmal eine der folgenden Fragen gestellt hast, darfst du getrost sein: du bist in guter Gesellschaft! Selbst die Gottesmänner, die die Psalmen schrieben, hatten sich mit diesen Zweifeln auseinanderzusetzen.

● „Gibt es Gott wirklich? Ich bringe ihm immer meine Probleme, es verändert sich aber nichts. Manchmal werden sie sogar noch schlimmer." Voll Verzweiflung schrie David: „Mein Gott, mein Gott, warum hast du mich verlassen? Warum hörst du nicht, wie ich schreie, warum bis du so fern? Mein Gott, Tag und Nacht rufe ich um Hilfe, doch du antwortest nicht und schenkst mir keine Ruhe" (Psalm 22,2.3).

● „Bin ich eigentlich wirklich Christ?" Viele Christen bemerken, wie geheuchelt es ist, jemanden anzubeten, den sie eigentlich hassen. Davids Bitte hört sich ähnlich an: „Stelle die Freude über dein Heil wieder her und gib mir den Willen, dir zu gehorchen" (Psalm 51,12; nach The Life Application Bible, TLB) Die Erläuterungen dieser Bibelausgabe fassen das gut zusammen:

„Hat Sünde einen Keil zwischen dich und Gott getrieben, so daß er nun weit entfernt scheint? David hat dies so empfunden. In seinem Gebet schrie er: ‚Stelle die Freude über dein Heil wieder her.' Gott wünscht sich, daß wir nah bei ihm sind und die ganze Fülle seine Lebens erfahren. Allerdings macht Sünde, die man noch nicht bekannt hat, diese vertraute Nähe unmöglich. Bekenne Gott deine Schuld. Möglicherweise mußt du noch immer genau wie David die Folgen ertragen, aber Gott wird dir die Freude an eurer Beziehung wiedergeben."

● „Kann ich Gott wirklich vertrauen? Er hat sich in dieser Lage nicht als vertrauenswürdig erwiesen." David sah, wie hoffnungslos es ist, Gott nicht mehr vertrauen zu können. Deshalb sagte er: „Wenn du dich weigerst, mir zu antworten, kann ich genausogut aufgeben und sterben" (Psalm 28,1; nach TLB).

● „Vergibt Gott mir wirklich? Wie kann er mir vergeben, wenn ich ihm und denen, die mich verletzt haben, nicht vergeben kann? Hat Gott mir den Rücken zugekehrt?" Asaph stellte die gleichen Fragen auf seine Weise: „Ich schreie zu Gott, so laut ich kann; ich schreie zu Gott, er wird mich hören. In meiner Angst suche ich den Herrn; nachts strecke ich die Hand nach ihm aus. Hat der Herr uns für immer verstoßen? Will er gar nichts mehr von uns wissen?" (Psalm 77,2.3.8.)

Dabei kommt mir in den Sinn, wie Jesus warnte: „Wenn ihr den anderen verzeiht, was sie euch angetan haben, dann wird auch euer Vater im Himmel euch eure Schuld vergeben. Wenn ihr aber den anderen nicht verzeiht, dann wird euer Vater euch eure Verfehlungen auch nicht vergeben" (Matthäus 6,14.15). Hierzu die Erklärung aus TLB:

„Jesus spricht im Zusammenhang mit der Vergebung eine erschreckende Warnung aus: Wenn wir es ablehnen, anderen zu vergeben, wird er es genauso ablehnen, uns zu vergeben. Warum? Wenn wir anderen nicht vergeben, dann verleugnen wir unsere gemeinsame Basis mit ihnen: Wir sind Sünder, die die Vergebung Gottes nötig haben. Gottes Vergebung ist nicht die direkte Folge unserer Vergebung, sie ist aber gegründet auf die Erkenntnis, was Vergebung bedeutet (vgl. Epheser 4,32: „Vergebt euren Mitmenschen, so wie Gott euch durch Christus vergeben hat"). Wieviel wäre dir vergeben, wenn dir nach dem Maß vergeben würde, mit dem du anderen vergibst? Es ist leicht, Gott um Vergebung zu bitten, schwer aber, sie auch anderen zuzugestehen. Jedesmal, wenn wir Gott um Vergebung bitten, sollten wir uns fragen: ,Habe ich den Menschen vergeben, die mich verletzt oder die mir unrecht getan haben?'"

● „Liebt Gott mich wirklich? Liebt er womöglich auch jemanden, der Groll gegen ihn hegt?" Asaph bezweifelte Gottes bedingungslose Liebe, als er fragte: „Ist er nie wieder gut zu uns? Gilt sein

Versprechen in Zukunft nicht mehr? Hat Gott vergessen, sich zu erbarmen? Verschließt er uns vor Zorn sein Herz?" (Psalm 77,9.10)

● „Wie kann Gott mich bevollmächtigen; wie kann der Heilige Geist mich erfüllen, wenn ich ihm ständig widerstehe?" Er kann es dann nicht. Wenn wir Haß in uns dulden, bereiten wir dem Heiligen Geist Kummer. Paulus schreibt: „Betrübt nicht den heiligen Geist Gottes" (Epheser 4,30, Luther-Übersetzung). Wie betrübt man nun den Heiligen Geist? Ganz einfach, indem man z. B. nicht befolgt, was die weiteren Verse sagen: „Alle Bitterkeit und Grimm und Zorn ... sei fern von euch ... Seid aber untereinander freundlich und herzlich und vergebt einer dem anderen, wie auch Gott euch vergeben hat in Christus."

David hatte diese Möglichkeit vor Augen, als er Gott darum bat, seinen Geist nicht von ihm zu nehmen (Psalm 51,15). Würde denn Gott jemals seinen Geist von uns nehmen? Ja, aber nur in diesem Sinne: Wenn Gott dir eine verhärtete Haltung zeigt und du ablehnst, dich damit auseinanderzusetzen, wirst du damit den Heiligen Geist betrüben. Das hat zur Folge, daß du zu wenig von Gottes Gnade bekommst (Hebräer 12,15-17). Statt aus der Kraft des Heiligen Geistes zu leben, läßt du dich von deiner Verbitterung steuern.

Natürlich ist es möglich, einen verborgenen Groll gegen jemanden zu hegen, diesen zu behalten und zugleich mit dem Heiligen Geist erfüllt zu sein. Aber sobald dir Gott diesen Groll gezeigt hat und du ihn dann nicht loslassen willst, wird sich der Heilige Geist in dir zurücknehmen.

Hat dich deine Verbitterung geistlich zerschlagen? Ich habe in den letzten Abschnitten aufgezeigt, daß Bitterkeit verheerende geistliche Folgen nach sich zieht. Ich bitte dich darum, über den Schaden in deinem Leben nachzudenken und dann die notwendigen Schritte zu tun, um dieses Gewächs mitsamt seinen Wurzeln auszureißen.

Zerstörung der Beziehungen

Verbitterte Menschen neigen dazu, sich ständig angegriffen zu fühlen. Kennst du jemanden, der immer nur negativ ist? Hast du

Freunde mit der unheimlichen Fähigkeit, einen Raum zu betreten und damit eine Party zu beenden? Flucht einer deiner Freunde ständig? Man kann sie oft an ihrer Streitlust und ihrer Schwarzseherei erkennen. Sie benehmen sich so, als ob sie mit der ganzen Welt verfeindet seien.

Mußtest du, als ich diese Fragen gestellt habe, nicht an dich selbst denken? Möglicherweise ist das größte Hindernis zwischen dir und einer Freundschaft deine eigene Verbitterung. Der Verfasser des Hebräerbriefes stellte zutreffend fest, daß eine Wurzel der Bitterkeit „ausschlägt und viele vergiftet" (Hebräer 12,15). Die Auswirkungen der Verbitterung beziehen sich nicht nur auf den Menschen, der bitter ist. Bitterkeit beeinträchtigt auch die Beziehung zu anderen.

Zerstörung der ganzen Persönlichkeit

Dieser Punkt ist der beängstigendste. Leider mußte ich dies auf die harte Tour lernen. Hast du schon bemerkt, daß du mit der Zeit genauso wirst wie der Mensch, gegen die du Bitterkeit hegst?

Früher habe ich mir immer gesagt: „Ich will nie wie mein Vater werden! Niemals!" Einige Wochen vor meiner Heirat erlebte ich eine ernüchternde Überraschung.

Meine Mutter mag meine Frau wirklich sehr. Schon bevor wir heirateten, liebte sie sie wie ihre eigene Tochter. Sie versuchte nicht, unhöflich oder lieblos zu sein. Sie wollte meiner Verlobten aber klarmachen, worauf sie sich einließ. Deswegen lud sie meine damalige Verlobte zum Essen ein und erzählte ihr: „Deweys Vater und ich haben uns vor einigen Jahren scheiden lassen. Es gab da einiges bei ihm, womit ich nicht leben konnte. Dewey ist genau so wie er – das wollte ich dir nur rechtzeitig gesagt haben!"

Kannst du dir vorstellen, wie ich mich fühlte, als Becky mir von diesem Gespräch erzählte? Zuerst war ich ärgerlich – genauso hätte mein Vater auch reagiert. Nach einiger Zeit mußte ich aber zugeben, daß meine Mutter ins Schwarze getroffen hatte. Ich war genau zu dem geworden, was ich nie hatte werden wollen!

Die folgenden Hinweise können das verdeutlichen. Sprüche 4,23 warnt: „Mehr als auf alles andere achte auf deine Gedanken, denn sie bestimmen dein Leben." Man sagt: Du bist, was du ißt. Das stimmt nicht. Du bist, was du denkst! Ich erinnerte bereits daran, daß man dazu neigt, oft an den Menschen zu denken, gegen den sich der Haß richtet. Wenn du wütend auf jemand bist, denkst du mehr an seine guten oder seine schlechten Eigenschaften?

Jahrelang erlaubte ich mir, mich mit den negativen Gedanken zu beschäftigen, die ich gegen meinen Vater hatte. Mit der Zeit setzte ich jeden Gedanken in Haltungen und Handlungen um. Ich wurde dem Menschen immer ähnlicher, den ich am meisten haßte.

Vielleicht denkst du: „Er hat recht. Ich bin verloren. Ich werde nie heiraten, nie Kinder bekommen. Ich bin dazu verurteilt, lebenslang ein Versager zu sein." Wenn das zutrifft, dann habe ich eine erfreuliche Nachricht für dich: Die negativen Auswirkungen können – wenn du dich richtig verhältst – rückgängig gemacht werden!

Solltest du den Groll, den du gegen jemanden hegst, beibehalten, wirst du viele Leute verletzen (besonders die, die dir nahestehen). Wenn du deine Verbitterung allerdings losläßt, kann Gott dich verändern. Er kann selbst aus dem verhärtetsten Herzen ein liebendes machen – und das wird zu einer Wohltat für alle, die dich kennen.

Wie sieht es mit dir aus?

Hat dich in diesem Kapitel etwas überrascht? Machen dir die vielen möglichen Konsequenzen Angst? Siehst du, daß sich einige von Verbitterung verursachte Schäden bereits in deinem Leben bemerkbar machen? Ich möchte dir folgende Anregungen geben:

1. Gehe noch einmal die sechs Abschnitte mit den möglichen Schäden durch. Was beunruhigt dich am meisten? Mache einfach eine Bestandsaufnahme. Zeigt sich eines der angesprochenen Probleme schon deutlich?

2. Lerne Epheser 4,29-32 auswendig. Nimm dir bitte ein Blatt Papier und beantworte folgende Fragen:

● Benutzt du gehässige und zersetzende Wörter? Wenn ja, wie oft und in welchen Situationen?

● Suchst du bewußt nach Gelegenheiten, um andere zu ermutigen, oder neigst du eher dazu, andere zu erniedrigen und lächerlich zu machen? Wie steht es mit dem Tratschen?

● Was bedeutet der Satz: „Betrübt nicht den heiligen Geist Gottes"? Welcher Zusammenhang besteht zwischen Verbitterung und diesem Satz?

● Welche Verbindung besteht zwischen den Wörtern „Bitterkeit und Grimm und Zorn und Geschrei und Lästerung ... samt aller Bosheit"?

● Worin besteht nach Vers 32 das Gegenteil zu Bitterkeit?

● Welches Gebot steht in Vers 32? Wie hat Gott dir vergeben?

3. Und nun empfehle ich dir, aus diesen Überlegungen die konkrete Nutzanwendung für dein Leben zu ziehen.

Kapitel 3
Vergeben und Vergessen?

„Petrus wandte sich an Jesus und fragte ihn: ,Herr, wenn mein Bruder an mir schuldig wird, wie oft muß ich ihm verzeihen? Siebenmal?' ,Nein, nicht siebenmal', antwortete Jesus, ,sondern siebzig mal siebenmal!'" (Matthäus 18,21.22)

Unsere Sinne werden tagtäglich mit Worten überschwemmt. Die Neue Enzyklopädie von Funk und Wagnalls stellt fest: „Der Wortschatz der englischen Sprache wurde auf über eine Million Wörter geschätzt. Hierin inbegriffen sind umgangssprachliche und mundartliche Ausdrücke, wissenschaftliche und technische Fachausdrücke. Viele dieser Wörter entstanden erst seit Mitte dieses Jahrhunderts."

Natürlich sind nicht alle Wörter gleich wichtig. Mein Leben wurde tatsächlich nur durch die Wirkung einiger weniger Wörter völlig neu ausgerichtet.

In diesem Kapitel werde ich dich mit einem der revolutionärsten Worte meines Wortschatzes bekanntmachen. Ohne dieses Wort wäre meine Beziehung zu Jesus Christus nicht zustande gekommen, und ich würde weiter von verzehrendem Haß und Groll aufgefressen. Kein anderes Wort unserer Sprache ist wichtiger.

Dieses Wort, das über hundert Mal in der Bibel vorkommt, ermöglicht uns, mit der Verbitterung fertig zu werden. Hast du es schon erraten? Es heißt „vergeben". Wir müssen lernen, denen zu vergeben, die uns so tief verletzt und gekränkt haben.

Ich und vergeben? Soll das ein Witz sein?

Auf das Konzept der Vergebung wirst du höchstwahrscheinlich auf eine der drei folgenden Arten reagieren:

1. Du läßt alles von dir abprallen und denkst: „Nicht schon

wieder! Das fehlt mir gerade noch, ein abgedroschenes christliches Klischee. Nichts ist so einfach wie vergeben und vergessen und danach glücklich sein." Wenn du so reagierst, lies bitte weiter. Du wirst feststellen, daß Vergebung viel mehr ist, als du für möglich gehalten hast!

2. Du ärgerst dich. „Was? Ich soll vergeben? Du als Autor kannst doch den Schmerz nicht spüren, den ich jeden Tag mit mir herumschleppe. Lieber würde ich sterben, als ihm zu vergeben!" Ich darf dich daran erinnern, daß dein Wunsch in Erfüllung gehen kann! Sieh dir noch einmal das vorige Kapitel an. Deine Verbitterung kann dich umbringen.

3. Du hältst das Buch jetzt ein bißchen fester und liest ein wenig schneller. Jetzt scheinst du die Antwort gefunden zu haben, nach der du gesucht hast. Du kannst kaum erwarten, was noch kommen wird. Wenn das deine Reaktion ist, kann ich dir versichern: Du wirst nicht enttäuscht.

Reden ist natürlich einfach. Nichts wäre leichter für mich, als an der Schreibmaschine zu sitzen und lediglich die Bedeutung des Wortes „vergeben" aus einem Wörterbuch wiederzugeben. Ich kann dir aber versichern, daß das, was ich schreibe, kein leeres Geschwätz ist. Ich stand selbst vor dieser Frage, die über Tod und Leben entscheidet: Vergeben – ja oder nein? Nun bist du an diesem Punkt. Wie auch immer du dich entscheidest – deine Antwort wird dein ganzes Leben tiefgreifend beeinflussen.

„Vergeben" ist ein Wort mit vielen Facetten. Wie ein Diamant einen auftreffenden Lichtstrahl bricht und dadurch farbiges Licht entsteht, so enthält auch das Wort „vergeben" viele unterschiedliche Gesichtspunkte. Deshalb möchte ich hier mehrere Erklärungen für das Wort auflisten. Ich möchte dich ermutigen, dir die auszusuchen, die am besten in deine Situation hineinpaßt.

Vergebung und Verbitterung (Römer 12,17-21)

Im folgenden möchte ich näher darauf eingehen, daß man deswegen bitter wird, weil *man sich dafür entscheidet*. In jeder Situation beruht dein Verhalten auf deiner eigenen Entscheidung.

Für über zwanzig Jahre meines Lebens hatte ich mich dafür entschieden, meinen Vater verbittert abzulehnen. Ich hätte nie geglaubt, daß mein Haß auf meine eigene Entscheidung zurückging: Verbitterung war mein zweifelhafter Versuch, Vergeltung an meinem Vater zu üben.

Was können wir denn tun, wenn uns jemand wie den letzten Dreck behandelt? Körperliche Gewalt könnte eine Haftstrafe nach sich ziehen. Sachzerstörung ist auch strafbar. Unsere Hände sind also gebunden – unsere Herzen hingegen nicht.

Verbitterung und Haß waren für mich genau die richtigen Waffen, mit denen ich meinen Vater treffen konnte. Ich wollte ihm einen furchtbaren Schlag versetzen. Er sollte wissen: Sein eigener Sohn haßte ihn und lehnte ihn ab.

Das gleiche Gefühl könnte auch in dir Wurzeln geschlagen haben. Wie eine geballte Faust verschließt du dich dem, der dich verletzt hat. Obwohl diese Reaktion verständlich ist, ist sie doch eine große Gefahr für dich.

Eines Tages sprach mich Gott allerdings durch den folgenden Text an: „Wenn euch jemand Unrecht tut, dann zahlt es ihm nicht mit gleicher Münze heim. Nehmt euch vor, allen Menschen Gutes zu erweisen. Soweit es an euch liegt, tut alles, um mit jedermann in Frieden zu leben. Verschafft euch nicht selbst euer Recht, liebe Freunde, sondern überlaßt das dem Strafgericht Gottes. Denn es heißt: ‚Ich, der Herr, habe mir die Vergeltung vorbehalten, ich selbst werde sie bestrafen.‘ Handelt nach dem Wort in den heiligen Schriften: ‚Wenn dein Feind hungrig ist, dann gib ihm zu essen, und wenn er Durst hat, gib ihm zu trinken. Damit wirst du ihn beschämen.‘ Laß dich vom Bösen nicht besiegen, sondern überwinde es durch das Gute" (Römer 12,17-21).

Alles lief auf die Frage hinaus: Wollte ich weiter gnadenlos meinen Vater bekämpfen, oder wollte ich Gott das Ruder in dieser Situation überlassen? Solange ich diesen Groll hegte, verhinderte ich, daß Gott meinen Vater verändern konnte. Ich mußte diese geballte Faust der Verbitterung öffnen und Gott erlauben, zu seiner Zeit und auf seine Weise einzuschreiten. Auf den Punkt gebracht bedeutet das: Gott gesteht uns nicht das Recht zu, Rache selbst auszuüben. Dieses Recht steht allein ihm zu.

Vergebung und unser geistlicher Kampf (1. Timotheus 1,18)

Wir sind Angriffsziele. Satan möchte uns zerstören. Wir stehen seinen unheilvollen Absichten im Wege, und er wird jedes nur denkbare Mittel gegen uns einsetzen. Erstaunlicherweise sind seine stärksten Waffen oft unsere engsten Freunde – diejenigen, die wir am meisten lieben.

Satan schickte Petrus vor, damit er Jesus seine Bereitschaft zum Leiden und Sterben ausreden sollte (Matthäus 16,23). Er umgab Paulus mit einer lästernden Gruppe. Paulus klagte: „... ich muß mich mit vielen Gegnern auseinandersetzen" (1. Korinther 16,9). Aus Timotheus machte er ein bevorzugtes Ziel: „Nimm dich vor ihm in acht" (2. Timotheus 4,14.15).

Jeder Angriff trägt den Keim einer Niederlage in sich. Jeder Angriff könnte eine Wurzel der Bitterkeit wachsen lassen. Obwohl die Angriffe vom Ursprung her satanisch sind, werden sie doch immer von Menschen ausgeführt.

Als die Dämonen Timotheus unter Beschuß nahmen, um ihn ein für allemal außer Gefecht zu setzen, riet Paulus seinem Sohn im Glauben, die Grausamkeiten als das zu betrachten, was sie waren, nämlich das Ergebnis geistlichen Kampfes (vgl. 1. Timotheus 1,18).

Petrus war Jesus nicht feindlich gesonnen – Satan war es. Paulus kämpfte nicht gegen seine vielen Widersacher – Dämonen waren seine wahren Gegner (1. Thessalonicher 2,18). Auch Alexander war nicht Timotheus' Hauptgegner. Paulus erkannte die wahre Bedrohung: „Gott hat mich auch noch einmal aus dem Rachen des Löwen gerettet" (2. Timotheus 4,17; in 1. Petrus 5,8 wird der Satan mit einem hungrigen Löwen verglichen).

Auch du bist ein Ziel für die Angriffe Satans. Wenn du das nächste Mal angegriffen wirst, solltest du dir das Gesamtbild ins Gedächtnis rufen. Mache deinen wahren Feind aus. Bitte Gott lieber darum, Satans Festung im Leben dessen, der dich verletzt, zu zerstören, anstatt ihn zu verachten. Nur wenn du diesen „Schild des Glaubens" ergreifst, wirst du erfolgreich „alle Brandpfeile des Satans" abfangen (Epheser 6,16).

Vergebung und der Mensch, der uns verletzt hat
(Apostelgeschichte 7,59.60)

„Waffen bringen keine Menschen um. Menschen bringen Menschen um." Der Streit um eine Waffenkontrolle beherrschte in den vergangenen Jahrzehnten viele Konferenzen. Egal auf welche Seite man sich bei diesem umstrittenen Thema stellt, eines wird meistens außer Acht gelassen: irgend etwas ist grundlegend verkehrt an uns Menschen. Theologen nennen es „Verworfensein oder Verderbtheit". Die Bibel sagt: „Nichts ist so abgründig wie das menschliche Herz. Voll Unheil ist es; wer kann es durchschauen?" (Jeremia 17,9) Folglich bringen Menschen Menschen um, emotional wie auch körperlich. Wie du nur zu gut weißt, gehen oft die Verletzungen unserer Gefühle viel tiefer und halten auch länger an als unser körperlicher Schmerz.

Bei Angriffen anderer konzentrieren wir unseren Blick entweder auf unseren Schmerz und suchen Vergeltung. Oder wir benutzen unseren Schmerz als Erinnerung daran, daß der Mensch, der uns verletzt hat, schwere und unbewältigte Konflikte in seinem Leben trägt.

Jesus verstand das: „Jesus hielt sich zurück, weil er sie alle durchschaute" (Johannes 2,24.25). Vom Kreuz rief er aus: „Vater, vergib ihnen! *Sie wissen nicht, was sie tun*" (Lukas 23,34).

Als Stephanus umgebracht wurde, rief er: „Herr, strafe sie nicht für diese Schuld!" (Apostelgeschichte 7,60) Der nächste Vers berichtet über einen Augenzeugen: „Saulus war völlig einverstanden mit dieser Hinrichtung" (Apostelgeschichte 8,1). Ein Kapitel später aber fällt derselbe Saulus – der Verfolger, Mörder und „Kopfgeldjäger" – auf dem Weg nach Damaskus in den Staub und übergibt Jesus Christus sein Leben. Was verursachte diese Sinneswandlung? Zweifellos wurde der Same dafür an jenem schicksalsträchtigen Tag gelegt, als er den sterbenden Mann sah, der sich nicht um seine Schmerzen kümmerte, sondern für seine Mörder betete.

Vergebung macht absolut reinen Tisch (Epheser 4,32)

Paulus schreibt: „Seid freundlich und hilfsbereit zueinander und vergebt euren Mitmenschen, so wie Gott euch durch Christus vergeben hat." Wie hat Gott uns vergeben? Er hat unser „Sündenregister" vollständig gelöscht, und er wirft uns unsere Sünden nicht länger vor.

Als wir Jesus Christus angenommen haben, hat er „alle unsere Sünden in die Tiefen des Meeres" (Micha 7,19) geworfen. David verkündete: „So fern der Osten von dem Westen liegt, so weit entfernt er unsere Schuld von uns" (Psalm 103,12). Warum hat David diese Gegenüberstellung gebraucht? Niemand kann feststellen, wo der Osten beginnt oder der Westen aufhört. Die Entfernung zwischen beiden ist unendlich, sie kommen nie zusammen. Gott hat unsere Sünden restlos von uns genommen. Genauso, sagt Gott, sollen auch wir anderen vergeben.

Vergebung und die Festigung unserer Persönlichkeit
(Hebräer 5,8)

Wir können von guten und von schlechten Beispielen lernen. Was auch immer wir im Leben durchmachen, es macht uns entweder bitter oder besser.

Meine schlechten Erfahrungen mit meinem Vater haben aus mir einen besseren Vater gemacht. Meine Kinder werden hoffentlich nie den durch elterliche Ablehnung verursachten Schmerz spüren, wie ich das erleben mußte. Immer wieder lasse ich sie wissen, daß ich jederzeit für sie da bin. Es gehört zu den schönsten Augenblicken für mich, wenn ich den Telefonhörer in meinem Büro abhebe und die 150 Dezibel laute Stimme meines Sohnes mit „Hey, Dad!" ertönt.

Meine Vergangenheit hat meine berufliche Laufbahn entscheidend beeinflußt. Die letzten 21 Jahre habe ich Jugendlichen gewidmet. Wie du gelesen hast, sind meine Hilferufe als Teenager nur auf taube Ohren gestoßen. Ich habe mich nach jemandem gesehnt, der sich um mich kümmerte, mich verstand. Nun versuche ich, heute so jemand für alle die zu sein, deren Hilferufe auch auf taube Ohren stoßen könnten.

Meine Wirksamkeit als Jugendpastor wurde erheblich durch meine eigene qualvolle Vergangenheit vergrößert, weil ich weiß, was junge Leute empfinden. Ich verstehe ihre Zweifel, Entmutigungen, Depressionen und ihre Verzweiflung. Meine siebenjährige Ausbildung kann mit der Ausbildung, die ich durch das Aufwachsen zu Hause bekommen habe, nicht mithalten!

Meine Vorstellungen und Werte wurden aus dem Schmelztiegel meines persönlichen Leidens gegossen. So wie Feuer Gold läutert, so werden wir durch Schmerz gereinigt. Jesus lernte Gehorsam durch sein Leiden (Hebräer 5,8), und darum ist das auch uns möglich.

Beim Nachsinnen über die Ungerechtigkeit des Lebens entdeckte ich diesen Widerspruch: diejenigen, von denen wir meinen, sie zerstörten unser Leben, leisten in Wahrheit den größten Beitrag zu unserer Persönlichkeitsentwicklung. Was haben wir doch für einen Gott, der die Einzelteile eines zerschlagenen Lebens für seine Ziele und zu seiner Ehre zu einem wunderschönen Teppich zusammenwebt!

Vergebung und Gottes Ziele (1. Mose 50,20)

Wer aus der Bibel hat wohl am ehesten eine Wurzel der Bitterkeit wachsen lassen? Ich denke da an mehrere Möglichkeiten.

Tamar wurde in eine blutschänderische Beziehung verwickelt (1. Mose 38). Noomi überlebte eine Hungersnot, verlor ihr Zuhause, ihren Ehemann und beide Söhne. Danach nahm sie den Namen „Mara" an, was „bitter" bedeutet (Rut 1,20). Im folgenden möchte ich mich allerdings auf einen jungen Mann namens Joseph beschränken (1. Mose 39).

Mit blankem Entsetzen sah der siebzehnjährige Joseph, wie sich seine zehn Brüder mit einem Mal gegen ihn wandten. Von ihrer Eifersucht getrieben, verkauften sie ihn als Sklaven. Sie belogen ihren Vater Jakob und erzählten ihm, ein wildes Tier hätte Joseph in Stücke gerissen. Genugtuung stand auf ihren Gesichtern, als eine Gruppe von Kaufleuten Joseph mitnahm und ihn zwang, in einem fremden Land zu leben.

Hunderte von Kilometern von seiner Familie und seinen Freunden getrennt, mit keiner Möglichkeit zur Flucht, erfuhr Joseph qualvolle Jahre der Einsamkeit. Er widerstand allen Verführungskünsten der Gattin seines Oberherrn. Aufgrund einer erfundenen Anschuldigung wurde er zu einer Gefängnisstrafe verurteilt. Joseph mußte diese Trennung von seiner Familie und seiner Heimat über dreizehn Jahre lang aushalten!

Stell dir einmal vor, du seiest Joseph. Gegen wen wäre deine Bitterkeit gerichtet? Gegen deine Brüder, weil sie dich verraten haben. Gegen deinen Vater, weil die Bevorzugung durch ihn diese ganze Leidensgeschichte ausgelöst hat. Gegen die Frau, weil sie dir ihre begehrlichen Blicke zuwarf. Gegen deinen Oberherrn, weil er einer Lüge glaubte. Gegen deinen Gott, weil er mit Sicherheit mächtig genug gewesen wäre, all dies zu verhindern.

Nach mehreren aufregenden Ereignissen wurde Joseph aus dem Gefängnis entlassen, um zum zweitmächtigsten Mann Ägyptens aufzusteigen. In dieser Position traf er nun seine Brüder wieder. In seinen Händen lag es jetzt, Vergeltung zu üben – oder auch nicht.

Joseph hätte seine Brüder einsperren lassen können, tat es aber nicht. Genausogut hätte er sie auch verprügeln oder umbringen lassen können, unterließ aber auch das. Sie zitterten, als sie vor ihm standen.

Diese Szene ist der Hintergrund für einen der unbegreiflichsten Sätze in der menschlichen Geschichte. Was würdest du nach dreizehn Jahren sagen, in denen du von diesem Augenblick geträumt hast? Joseph sagte: „Habt keine Angst! Ich werde nicht umstoßen, was Gott selbst entschieden hat. Ihr hattet Böses mit mir vor, aber er hat es zum Guten gewendet; denn er wollte auf diese Weise vielen Menschen das Leben retten. Das war sein Plan, und so ist es geschehen" (1. Mose 50,19.20).

Mitten in einer scheinbar hoffnungslosen Situation wußte Joseph nicht, daß Gott die bösen Absichten von Menschen für seine eigenen Ziele verwandte. Joseph rettete ganze Nationen vor dem Tod durch eine siebenjährige Hungersnot. Aus dem, was Menschen als böse beabsichtigen, kann Gott immer etwas Gutes entstehen lassen.

Benutzt Gott *alle* menschliche Bosheit, um etwas Gutes daraus werden zu lassen? Was ist, wenn die Verletzungen durch so etwas Tragisches wie sexuellen Mißbrauch verursacht wurden? Sieh dir 1. Mose 38 an. Tamar, die einem Inzest zum Opfer fiel, wird für immer als Beispiel für Gottes Gnade in Jesu Stammbaum aufgeführt (Matthäus 1,3). Was Menschen als böse beabsichtigen, kann Gott für etwas Gutes benutzen.

Bitte gehe nicht zum nächsten Abschnitt über, bevor ich dir nicht folgendes noch gesagt habe. Dreizehn volle Jahre lang wußte Joseph nicht, was für Folgen seine Erlebnisse haben würden. Er befand sich einerseits in Haft und war andererseits innerlich der Gefangene seiner Gefühle. Ich bin sicher, daß Joseph viele Nächte wütend in dem dunklen und feuchten Verlies lag und sich immer wieder die verzweifelte Frage stellte: „Warum?" In unserem eigenen Leben bekommen wir die Antwort auf diese Frage auch manchmal erst nach Jahren. Wir können aber sicher sein, daß es darauf einmal eine Antwort gibt.

Tamar hat nie erfahren, was für Folgen ihre Demütigung hatte. Sie hat nie ein Exemplar des Matthäusevangeliums erhalten und konnte nie Jesu Stammbaum lesen. Auch wußte sie nicht, wozu ihre beiden Söhne letztlich bestimmt waren. Scheinbar völlig grundlos fiel sie einer gemeinen Tat zum Opfer. Genau wie Hiob, dem auch das Buch Hiob zur Ermutigung fehlte, sollte Tamar die Gründe für ihr Leiden erst im Himmel erfahren.

Noomi war über ihr Schicksal so verbittert, daß sie sich selbst „Mara", die Bittere, nannte. Damals wußte sie noch nicht, daß sie Jahre später glückliche Mutter eines Babys sein würde. Und dieses Kind sollte einmal der Großvater Davids sein und im Stammbaum Jesu stehen. Noomi – eine der Stammütter des Retters der Welt! Doch Noomi mußte Jahre herber Not durchleben, bevor sie in diese hervorgehobene Stellung kam.

Ich kann nicht versprechen, daß wir lange genug leben werden, um alles zu verstehen. Aber ich kann dir versichern, daß Gottes Absichten durch deinen und meinen Schmerz verwirklicht werden. Und das sollte auch, offen gesagt, genügen.

Vergebung und die ewige Herrlichkeit (Römer 8,23)

Wir Menschen klammern uns an irdische Dinge. Die Schrift mahnt uns Christen aber: „Ihr seid mit Christus zum Leben erweckt. Richtet euch also nach oben aus, wo Christus ist! Gott hat ihm den Ehrenplatz an seiner rechten Seite gegeben. Richtet eure Gedanken nach oben und nicht auf die irdischen Dinge!" (Kolosser 3,1.2)

Meine Hingabe droht jedoch, trotz dieser Weisungen zu erlöschen, wenn mein persönliches Wohlbefinden eingeschränkt wird. Meine Leidenschaft für Gott versandet allmählich und mein Herz fängt wieder an, sich an Dinge zu hängen, die mir eindeutig keine bleibende Erfüllung bereiten können.

Woher können wir ein wirksames Gegenmittel bekommen? Möglicherweise von der scheinbar am wenigsten geeigneten Seite – von denen, die uns tief verletzt haben. Nichts zerbricht unsere Bindung an irdische Dinge besser als eine tüchtige Portion persönlichen Schmerzes. Leiden steigert unsere geistliche Zähigkeit und Ausdauer schneller als alles andere.

Wenn uns der Schmerz packt, flüchten wir schnell zu Römer 8,28, indem wir uns versichern, „daß denen, die Gott lieben, alle Dinge zum Besten dienen" (Luther-Übersetzung). Aber vielleicht nehmen wir den falschen Vers. Sicherlich dienen uns im ewigen Sinne alle Dinge zum Besten. Aber was ist mit unserem Leben hier, mit dem Leben im zeitlichen Sinn? Als wir uns Römer 8 zugewandt haben, haben wir schon das richtige Kapitel erwischt, sind allerdings sechs Verse über das Ziel hinausgeschossen.

„Wir wissen, daß die ganze Schöpfung zusammen seufzt und zusammen in Geburtswehen liegt bis jetzt" (Römer 8,22, Luther-Übersetzung). Das bedeutet, daß Leben schmerzvoll ist. Die ganze Schöpfung leidet unter dem Fluch der Sünde. Und genauso verhält es sich auch mit uns. Paulus fährt fort: „Nicht allein aber sie, sondern auch wir selbst ... seufzen in uns selbst und sehnen uns nach der Kindschaft, der Erlösung unseres Leibes" (Römer 8,23, Luther). Das dauerhafte Erbe eines Christen kann deswegen in fünf Worten zusammengefaßt werden: „Tief seufzend sehnen wir uns" nach dem herrlichen Tag, an dem Christus uns völlig als sein eigen erlöst.

46

Der erwartungsvolle Ausruf „Vielleicht heute!" sollte der erste Gedanke sein, wenn wir morgens aufstehen. Persönlicher Schmerz bindet unsere Hoffnung genau daran. Er richtet unser Herz tatsächlich auf das aus, „was oben ist", wo es wirkliche Erfüllung gibt. Oft wird der Schmerz von jemandem verursacht, den wir schnell hassen – es sei denn, wir lernen zu vergeben.

Wir sehnen uns nach dem Tag, an dem Jesus Christus uns zu sich holt. Ich danke Gott dafür, daß er immer wieder widrigen Umständen gestattet, uns von den weltlichen Dingen loszureißen.

Ewigkeitsperspektive

Nachdem du nun das Thema „Vergebung" in seiner großartigen Perspektive gesehen hast, möchte ich dir einige persönliche Fragen stellen:

Hast du Vergebung für alles empfangen, womit du Gott tief verletzt hast? Kannst du einen Zeitpunkt nennen, an dem du erkannt hast, daß du dich gegen den unendlichen, heiligen Gott aufgelehnt hast? (Römer 3,23) Hast du zugegeben, daß du absolut nichts tun kannst, um dich annehmbar für Gott zu machen? (Matthäus 5,48) Hast du Jesus Christus gebeten, dir zu vergeben und die Herrschaft in deinem Leben zu übernehmen? (Johannes 1,12)

Jesus Christus ist für dich gestorben. Sein Blut wurde deinetwegen vergossen. Er hat am Kreuz die Strafe für deine Sünden getragen. Wenn du noch nie zuvor dein Leben dem Herrn Jesus Christus übergeben hast oder dir nicht sicher bist, warum tust du es dann nicht jetzt? Bete doch jetzt dieses Gebet:

„Herr Jesus, mir wird jetzt klar, daß ich dich unbedingt in meinem Leben brauche. Ich gebe zu, daß ich in Trennung von dir gelebt und dich dadurch tief verletzt habe. Es tut mir leid, daß ich oft nicht auf dich gehört habe. Bitte komme in mein Leben, um mir meine Schuld zu vergeben und die Herrschaft zu übernehmen. – Ich danke dir, daß ich nun doch noch die Beziehung gefunden habe, auf die ich mich immer verlassen kann. Danke, daß du mich niemals verläßt oder mir den Rücken zukehrst. Danke auch für dein Versprechen, daß, wenn ich künftig versage und falle, du dann da sein wirst, um mich aufzurichten, mich zu reinigen und zum Weitergehen zu bewegen. Hilf mir jetzt, jeden Tag meines Lebens für dich zu leben."

Wenn du dieses Gebet gesprochen und ernst gemeint hast, hat Christus gerade in dir ein ganz großes Wunder vollbracht. Du bist soeben ein neuer Mensch geworden (2. Korinther 5,17). Dir ist vergeben! Schon bevor du das Gebet zu Ende sprachst, hat er dich von deiner Schuld befreit (1. Johannes 1, 7). Und Christus bereitet einen Ort vor, an dem du mit ihm für immer leben wirst (Johannes 14,1). Ich beglückwünsche dich zu der wichtigsten Entscheidung deines Lebens!

Nachdem du gerade Gottes Vergebung empfangen hast, solltest du dann nicht auch denen vergeben, die dich verletzt haben? Jesus hat gesagt: „Verzeiht euren Mitmenschen, falls ihr etwas gegen sie habt" (Markus 11,25).

Wie sieht es mit dir aus?

Dieses unscheinbare Wort „vergeben" enthält wesentlich mehr, als man auf den ersten Blick vermutet. Welche Folgeentscheidungen wirst du treffen? Welche Veränderungen wirst du zulassen? Ich möchte dir folgendes vorschlagen:

1. Nimm ein Blatt Papier und schreibe aus dem Gedächtnis auf, was dir in diesem Kapitel neu aufgegangen ist.

2. Lerne folgende Verse auswendig, um die Erklärungen von Vergebung besser zu behalten: Römer 12,19; 1. Timotheus 1,18; Apostelgeschichte 7,59.60; Epheser 4,32; Hebräer 5,8; 1. Mose 50,20; Römer 8,23.

3. Welchen Menschen solltest du vergeben?

4. Welche der sieben behandelten Erklärungen von Vergebung bedeutet am meisten für dich? Warum?

5. Was hält dich davon zurück, zu vergeben? Welchen Gewinn erhoffst du dir davon, daß du verbittert bleibst? Fügst du damit wirklich dem Menschen Schaden zu oder zerstörst du dich nicht doch selbst? Was ist nötig, damit du deine „geballte Faust der Bitterkeit" öffnest und Gott die Führung übergibst?

4. Kapitel
Die Stunde der Wahrheit

„Wenn Gott seine Herrschaft aufrichtet, handelt er wie ein König, der mit den Verwaltern seiner Güter abrechnen wollte."
(Matthäus 18,23)

„Ich bin deine Stiefmutter."

„Meine was?" dachte ich, „wovon spricht diese Frau? Ich habe keine Stiefmutter."

Ich habe schon immer Überraschungen gehaßt. Doch diese unbekannte Frau brachte in mir etwas hoch, das ich nicht länger verdrängen konnte. Die langen Jahre der Trennung von meinem Vater waren in einem Augenblick zu Ende. Die Entscheidungen, die ich in den nächsten beiden Stunden traf, veränderten mein weiteres Leben völlig.

Wir waren auf einer Fahrt mit unserer Oberstufe. Der Samstagmorgen brachte eine dünne Schneeschicht mit sich, die den Boden in Pine Summits in einem herrlichen Weiß erstrahlen ließ. Der Ort schmiegte sich eng an die San Bernardino-Berge, und man konnte auf den Big-Bear-See hinabblicken. Wir genossen das Frühstück.

Da kam eine Frau in das Lager gefahren und fragte einen der Mitarbeiter nach Dewey Bertolini. Ich ging auf sie zu und stellte mich vor. Sie erwiderte: „Schön, dich zu sehen. Ich habe schon so viel von dir gehört. Ich bin deine Stiefmutter."

„Meine was?" Langsam nahm ich die Realität wahr. Mein Vater hatte also diese Frau geheiratet. Während der letzten fünf Jahre hatte ich eine Trennwand zwischen mir und meinem Vater aufgebaut, und diese fremde Frau brachte sie mit nur einem Satz zum Einsturz.

Ich war verwirrt. Fragen über Fragen schossen mir durch den Kopf. „Was macht sie hier? Woher weiß er, daß ich hier bin? Was wollen sie von mir?" Sie mußte wohl mein Zögern bemerkt haben, denn sie fuhr fort: „Dein Vater und ich verbringen das Wochenende in der Blockhütte eines Freundes ungefähr drei Kilometer von hier. Er würde dich gern sehen. Ist es irgendwie möglich für dich, hier ein paar Stunden wegzukommen?"

Ich war wie betäubt. „Hier wegkommen? Für ein paar Stunden? Um ihn zu sehen? Auf gar keinen Fall! Sie müssen scherzen", dachte ich.

Wütend wollte ich ihr gerade sagen, sie solle sich wegscheren, als fünf Schüler dazukamen. Der Druck in mir wurde riesig, als fünf Augenpaare mich wie gebannt anstarrten. Einer von ihnen zog an meinem Ärmel und fragte: „Was machst du nun, Dewey – Jugendpastor, geistlicher Leiter, Vorbild, Beispiel, nach dessen Leben wir unser Leben richten sollten?"

Man sollte nie „nie" sagen

Mir wurde klar, daß mir keine Wahl blieb. Widerwillig stieg ich in den Wagen. Ich ahnte, wenn ich am Nachmittag zurückkehrte, würde mein Leben vollständig umgekrempelt sein.

Die Fahrt zur Blockhütte schien ewig zu dauern. Das Auto wurde zu einer Isolierzelle. Beängstigende Gedanken wirbelten in meinem Kopf herum: „Was soll ich nur sagen? Wie soll ich mich verhalten? Was ist, wenn ich hiermit nicht fertig werde? Ich bin noch nicht bereit dafür. Mir blieb überhaupt keine Zeit, um mich vorzubereiten. Das letzte Mal, als ich ihn gesehen habe, hat er gerade mit einem Koffer in der Hand unser Haus verlassen. Ist das tatsächlich schon fünf Jahre her?" Das durfte und konnte einfach nicht wahr sein!

„Wir sind da." Ihre Worte rissen mich aus meiner Versenkung. Ich konnte diese Begegnung nicht länger vermeiden. Ich schritt die Einfahrt entlang, stieg ein paar Stufen hoch, öffnete die Tür und sah ihn. Das erste Mal seit fünf Jahren sahen wir uns wieder in die Augen. Er sah so alt aus und erschien mir so gebrechlich. Waren es wirklich nur fünf Jahre gewesen? Er sah aus, als ob er um fünfzehn Jahre gealtert sei. Sein Haar war grau geworden. Er stand gebückt und stützte sich mit den Händen auf eine Stuhllehne. Mein einstmals starker Vater, der mich so eingeschüchtert und verletzt hatte, sah nun alt und schwach aus. Dann streckte er mir seine rechte Hand zur Begrüßung entgegen.

Meine Gefühle verlangten, ihn zu verfluchen und mich abzuwenden. Jahre schmerzvoller Erinnerungen stiegen unaufhaltsam in mir hoch, Erinnerungen, die lange in meinem Unterbewußtsein begraben waren. Der Raum schien sich zu drehen, immer schneller und schneller, während mich meine widersprüchlichen Gefühle fast übermannten. Er hatte mich so tief verletzt, und doch brauchte er mich jetzt so dringend. Ich zögerte eine halbe Ewigkeit – dann brach mein Widerstand zusammen. Langsam wankte ich durch den Raum, schaute meinen Vater an, erhob meine rechte Hand und ergriff die seine.

Als unsere Hände sich berührten, kam ich mir vor wie eine Badewanne, die mit abgestandenem, stinkendem Wasser gefüllt ist. Irgend jemand zog nun den Stöpsel heraus, und die ganze Drecksbrühe meiner Verbitterung floß ab. Ich konnte meinen Vater nun nicht mehr als irrsinnigen Tyrannen sehen, der es darauf abgesehen hatte, mein Leben zu zerstören. Ich sah vor mir einen verzweifelten Menschen mit schweren seelischen Verletzungen, einen vereinsamten, alten Mann, der mit der ganzen Welt auf Kriegsfuß stand und sich dabei von seinen Nächsten entfremdete.

Während unseres darauffolgenden Gesprächs kamen auch meine Ausbildung und meine Zukunftspläne zur Sprache. Als ich ihm berichtete, ich besuche das Talbot-Seminar, um Prediger zu werden, blitzten seine Augen auf. Er sagte: „Du fährst also jeden Tag über 160 Kilometer, nur um zur Schule und zurückzukommen? Warum ziehst du nicht während der Schulzeit zu mir? Ich wohne nur fünf Minuten vom Seminargelände entfernt."

Wenn Gott handelt, dann tut er dies mächtig. Noch eine Stunde zuvor hatte ich eine jahrelang gepflegte bittere Wurzel gegen meinen Vater gehegt. Jetzt überlegte ich schon, zu ihm zu ziehen.

Ich mußte zum Lager zurück. Den ganzen Tag drehten sich meine Gedanken um die „zufällige" Begegnung mit meinem Vater. Später, als ich allein in meiner Hütte war, las ich in der Bibel. Ich stieß auf Matthäus 18,21: „Petrus wandte sich an Jesus und fragte ihn: ‚Herr, wenn mein Bruder an mir schuldig wird, wie oft muß ich ihm verzeihen? Siebenmal?'" Das traf bei mir ins Schwarze.

Immer klarer sah ich meine Situation. Der erste Schritt, um die Verbitterung zu überwinden, wurde nun klar:

1. Schritt: Du mußt vergeben wollen

Gestatte mir doch bitte, einen Moment persönlich zu werden. Im letzten Kapitel habe ich diesen Grundsatz kurz erwähnt, jetzt möchte ich ihn ausführlicher behandeln. Wenn du gegen jemand Bitterkeit hegst, tust du das aus nur einem Grund: Du hast dich dafür entschieden. Verbitterung ist in erster Linie eine Willenssache und erst dann eine Angelegenheit der Gefühle.

Petrus hatte als Persönlichkeit keine Hemmungen; er sagte alles geradewegs heraus. Er fragte: „Herr, wie oft muß ich diesem Kerl denn noch vergeben? Ist denn siebenmal nicht genug?" (Matthäus 18,21; freie Wiedergabe.)

Jesu Antwort geht jedoch tiefer: „Petrus, höre nicht auf, zu vergeben!" Der Grund hierfür ist einfach: *In dem Augenblick, wo du aufhörst zu vergeben, beginnst du zu zerstören.*

Mit meinem Wunsch nach Vergeltung entschied ich mich unterschwellig auch für die Verbitterung. Mit meiner haßerfüllten Antihaltung wollte ich mich an meinem Vater rächen. Mit dem Wissen, daß sein Sohn ihn völlig aus seinem Leben verdrängt hatte, wollte ich ihm einen furchtbaren Schlag versetzen. Jahrelang handelte ich nach diesem Prinzip.

Vielleicht bist du aus einem ähnlichen Grund verbittert geworden. Wenn das so ist, wirst du heute eine betrübliche Entdeckung machen: Während du meinst, dem Objekt deines Hasses Schaden zuzufügen, zerstörst du in Wirklichkeit nur dich selbst.

Als ich an diesem Morgen meinem Vater die Hand reichte, handelte ich nicht heuchlerisch. Diese eine Geste beinhaltete eine große Wahrheit: Nachdem ich jahrelang meinen Haß gepflegt und genährt hatte, war ich nun bereit, Gott zu erlauben, mein Herz zu verändern.

Was hindert dich, jetzt auf der Stelle den gleichen Schritt zu tun? Vielleicht schleppst du eine große Last mit dir herum, die Gott dir nie zugedacht hat. Der Augenblick ist gekommen, um einfach beiseite zu treten und Gott alles übernehmen zu lassen. „Wenn euch jemand Unrecht tut, dann zahlt es ihm nicht mit gleicher Münze heim. Verschafft euch nicht selbst euer Recht, liebe Freunde, sondern überlaßt das dem Strafgericht Gottes. Laß dich vom Bösen nicht besiegen, sondern überwinde es durch das Gute" (Römer 12,17.19.21).

Ich schlage vor, daß du gleich jetzt anfängst zu beten und etwa so Gott bekennst:

„Vater, ich weiß, daß es falsch von mir war, all diese Gefühle der Bitterkeit aufzustauen. Ich weiß, daß ich mir selbst damit geschadet habe und gleichzeitig dir ungehorsam war. Ich kann mein Herz nicht selbst ändern. Das kannst nur du. Ich möchte, daß du zu deiner Zeit und auf deine Weise mein verbittertes Herz gegen ein Herz voller Liebe austauschst. Ich danke dir, daß du mir zugehört hast und mein Gebet erhören wirst."

Wie kannst du sicher sein, daß Gott dich wirklich gehört hat? Die Antwort gibt dieser Vers: „Wir vertrauen ganz fest darauf, daß Gott uns hört, wenn wir ihn um etwas bitten, das seinem Willen entspricht. Wir wissen, daß er uns hört. Darum wissen wir auch, daß er uns gibt, worum wir ihn bitten" (1. Johannes 5,14.15.) Ich versichere dir: Gott möchte, daß du denen vergibst, die dich verletzt haben – siebzigmal siebenmal. Und sei versichert, daß er dein Gebet nicht nur gehört hat – er wird es auch erhören.

Da mir die eigentliche Bedeutung von Matthäus 18,21.22 aufgegangen war, las ich dort weiter. Die nächsten vierzehn Verse zeigten mir, was ich in den nächsten Tagen nach meiner „Wiedervereinigung" mit meinem Vater tun sollte.

Jesus veranschaulicht das an einem Gleichnis, das sich so zusammenfassen läßt:

Ein König beschloß, die offenstehenden Rechnungen mit seinen Knechten zu begleichen. Ein Knecht schuldete ihm 15 Millionen Mark. Zu jener Zeit war es üblich, daß jemand, der seine Schulden nicht bezahlen konnte, mitsamt seiner Familie in den Kerker geworfen wurde und dort elend umkam. Als dem Knecht hiermit gedroht wurde, fiel er nieder und bat den König um Gnade. Der König erließ ihm daraufhin die Schuld und ließ ihn gehen. Diesem Knecht begegnet nun ein Mitknecht, der ihm 30 Mark schuldete. Er packte ihn, begann ihn zu würgen und verlangte die sofortige Begleichung dieser bedeutungslosen Schuld. Da der Mitknecht die 30 Mark nicht hatte, fiel auch er auf die Knie und bat um Gnade.

Was hättest du getan, wenn dir gerade 15 Millionen Mark Schulden erlassen worden wären? Kannst du dir vorstellen, daß dieser undankbare, egoistische Kerl die Bitte seines Schuldners ablehnte und ihn ins Gefängnis werfen ließ, bis er die 30 Mark aufbringen konnte?

„Er (der König) ließ den Mann kommen und sagte: ‚Was bist du für ein böser Mensch! Ich habe dir deine ganze Schuld erlassen, weil du mich darum gebeten hast. Hättest du nicht auch Erbarmen mit deinem Kollegen haben können, so wie ich es mit dir gehabt habe?‘ Dann übergab er ihn voller Zorn den Folterknechten zur Bestrafung, bis die ganze Schuld zurückgezahlt wäre“ (Matthäus 18,32-34).

Dem fügte Jesus noch die warnenden Worte hinzu: „So wird euch mein Vater im Himmel auch behandeln, wenn ihr eurem Bruder nicht von Herzen verzeiht.“

Aus diesem Gleichnis leitete ich nun den nächsten Schritt für mich ab:

2. Schritt: Erstelle zwei Listen

Ich legte meine Bibel beiseite, nahm ein Blatt Papier und fing an, alles aufzulisten, womit mich mein Vater jemals tief verletzt und gekränkt hatte. Die Ereignisse des ersten Kapitels sowie viele andere fanden auf der Liste Platz.

Dann erstellte ich eine zweite Liste. Auf sie schrieb ich alles, womit ich jemals gegen Gottes Willen gehandelt hatte, jede Auflehnung gegen Gott und sein Wort. Das erste Mal, als ich den Namen „Jesus Christus“ aussprach, benutzte ich ihn in Verbindung mit einem Fluch. Schlag auf Schlag folgten weitere traurige Erinnerungen. Ich schrieb sie alle auf, füllte so Seite um Seite. Nachdem ich meine Listen abgeschlossen hatte, verglich ich sie. In der einen Hand hielt ich meine 15 Millionen Mark-Liste. In der anderen die Liste mit den Dingen, die mir mein Vater angetan hatte – eine 30 Mark-Liste.

Jahre zuvor, an einem schwülen Sommerabend, hatte Gott als Antwort auf mein ehrliches Gebet, Christus aufnehmen zu wollen, mir meine Sünden vergeben. Um bei der Sprache des Gleichnisses zu bleiben: Gott hatte mir meine 15 Millionen Mark-Schuld erlassen.

3. Schritt: Zerreiße die erste Liste

Als nächstes nahm ich die Liste mit den Taten meines Vaters und zerriß sie. So löschte ich sein „Sündenregister". Nein, die Erinnerungen an die Mißhandlungen und die verletzenden Worte meines Vaters verschwanden nicht. Der Schmerz, den ich so lange mit mir herumgetragen hatte, löste sich auch nicht in Luft auf. Wir sollten unsere Gefühle keinesfalls leugnen! Wir müssen uns der Realität unserer Gefühle und unseres Schmerzes stellen. Nur so können Leid und Schmerz ihr Ziel in unserem Leben erreichen. Andernfalls würden wir zu herz- und gefühllosen Menschen verkümmern.

Wenn jemand noch immer leidet, hat das nichts mit Unversöhnlichkeit zu tun. Es deutet vielmehr auf einen lebendigen, atmenden, beweglichen, sensiblen menschlichen Geist hin. Gott hat uns mit der Fähigkeit erschaffen, die ganze Bandbreite menschlicher Gefühle erfahren zu können. Wie oberflächlich wären wir, beraubten wir uns selbst dieser Gefühle, oder noch schlimmer, ließen wir uns dazu verleiten, nur die Gefühle zuzulassen, die wir für angenehm halten.

Indem ich diese Liste zerriß, gab ich Gott die Gelegenheit, meinen Schmerz für seine Zwecke zu gebrauchen. Als das Geräusch des zerreißenden Papiers den Raum füllte, begann jede der oben erwähnten Erklärungen von Vergebung in mir wirksam zu werden. Zeile für Zeile wurde das Gift jener Anklagen von Gottes gnädiger Berührung unschädlich gemacht. Nach und nach konnte ich alles in einem völlig neuen Licht sehen. Ja, ich kann ehrlich sagen, daß ich diese Übergriffe meinem Vater nicht mehr nachtrage.

4. Schritt: Erstelle eine weitere Liste

Aufgrund der Worte Josephs an seine Brüder in 1. Mose 50,20:
„Ihr hattet Böses mit mir vor, aber er hat es zum Guten gewendet"
erstellte ich eine Liste, die alles Positive enthielt, was ich genau
diesem Vater zu verdanken habe, den Gott mir gegeben hatte. Als
ich darüber nachdachte, bemerkte ich nicht nur, daß ich ihm ver-
gab, sondern auch, daß ich sogar Gott dafür dankte, ihn mir gegeben zu haben. Ich setzte also 1. Thessalonicher 5,18 in die Tat um:
„Dankt Gott in jeder Lebenslage. Das will Gott von denen, die mit
Jesus Christus verbunden sind." Ohne diesen Schritt wird die Vergebung unvollständig bleiben.

Vor ein paar Jahren wurde ein Mädchen in meinem College brutal vergewaltigt. Als sie in ihren Wagen steigen wollte, hörte Gaby
einen Zweig hinter sich knacken. Ein Mann sprang hinter einem
Busch hervor, hielt ihr ein Messer an die Kehle, warf sie in seinen
Wagen, fuhr mit ihr auf ein brachliegendes Feld, vergewaltigte sie
wiederholt stundenlang, fuhr sie zurück in die Stadt und „schmiß
mich in die Gosse wie ein zusammengeknülltes Stück Müll".

Ihre Mutter erzählte mir, was passiert war. Verständlicherweise
wollte Gaby mich nicht sehen. Später ging ich auf Bitten ihrer
Mutter doch ins Wohnzimmer, wo Gaby noch immer zusammenge-
rollt auf dem Sofa lag. Sie schluchzte wieder und wieder hemmungslos. Plötzlich schrie sie mich an: „Sie haben mich angelo-
gen!"

„Was meinst du damit?"

„Sie haben mir beigebracht, daß Gott voller Liebe und stark ist.
Wenn er nun wirklich die Liebe und so mächtig ist – wieso bin ich
dann vergewaltigt worden?" Ich wußte darauf keine Antwort und
litt mit ihr. Ich versuchte aber, sie nach besten Kräften zu trösten.

Etwa zwei Stunden dauerte unser Gespräch, unterbrochen von
vielen Pausen. Zuletzt, als sie ein wenig ruhiger geworden war,
fragte ich sie, ob sie auch darüber nachdenken könne, ob neben
allem Fürchterlichen nicht auch noch etwas Positives zu sehen sei.

Höhnisch fauchte sie: „Ihr weltfremden Christen! Ihr seid doch
alle gleich. Positiv? Das muß ein schlechter Witz sein!" Ich sprach
noch eine Weile mit ihr und sagte, daß ich in einer Woche

wiederkäme. „Wenn ich zurückkomme, würde ich gern deine Liste sehen."

Nach acht Tagen legte mir Gaby eine Liste mit 28 Punkten vor – Dinge, die sie im Zusammenhang mit ihrer Vergewaltigung positiv sehen konnte. Einiges davon sei hier genannt:

● „Der Mann hat mir ein Messer an den Hals gehalten. Er hätte mich töten können, tat es aber nicht. Gott hat mir das Leben gerettet. Nun weiß ich, was der Autor des Psalms meinte, als er betete: ‚Und geht es auch durchs dunkle Tal – ich habe keine Angst! Du, Herr, bist bei mir; du schützt mich und führst mich, das macht mir Mut'" (Psalm 23,4).

● „Weil ich eine starke Halsentzündung hatte, habe ich hohe Dosen von Penicillin in den drei Wochen vor der Vergewaltigung genommen. Der Arzt in der Notaufnahme meinte, ich müsse keinerlei Geschlechtskrankheiten befürchten, da mein Körper mit Antibiotika nur so vollgestopft gewesen war. Ich danke Gott dafür."

● „Auf dem Weg ins Krankenhaus kam mir im Krankenwagen der Gedanke, ich könne schwanger sein. Ich habe Abtreibung immer als Mord angesehen. Nun stand ich selber vor dieser Möglichkeit. Ich entschloß mich, auf gar keinen Fall ein von Gott geschaffenes Leben umzubringen, auch für den Fall, daß ich schwanger sei. Eine meiner Grundüberzeugungen war versucht worden, und ich hatte den Test bestanden. Glücklicherweise wurde mir später mitgeteilt, ich sei nicht schwanger."

● „Seit dem Vorfall habe ich Angst vor Männern. Ich traue mich noch nicht einmal, mich zu verabreden. Ich habe mich gefragt, ob ich diese Angst mit in eine Ehe hineinnehme. Dann las ich 1. Johannes 4,18: ‚Wahre Liebe vertreibt die Angst.' Nun bin ich überzeugt, daß ich keine Angst mehr haben werde, wenn ich den Mann treffe, den Gott als Ehemann für mich bestimmt hat."

● „Als ich mich mit sexuellem Mißbrauch beschäftigte, stieß ich darauf, daß eins von vier Mädchen und einer von fünf Jungen noch vor dem achtzehnten Lebensjahr sexuell mißbraucht wird. Daraufhin habe ich mir vorgenommen, mein Leben den Opfern solcher sexuellen Übergriffe zu widmen. Mir kam der Gedanke, eines Tages ein Rehabilitationszentrum zu eröffnen."

● „Der Arzt in der Notaufnahme war Christ. Gott wußte, daß ich zusätzlich zu der körperlichen auch dringend geistliche und seelische Hilfe brauchte. Er versorgte mich auch damit."

● „Ich habe jetzt gesehen, wie wichtig es ist, auf meine Eltern zu hören. An dem Abend, als ich überfallen wurde, hatten mir meine Eltern aus einem unerfindlichen Grund gesagt, ich solle nicht zu meiner Freundin gehen. Sie waren sich dabei so sicher. Da sie mir aber keinen genauen Grund nennen konnten, ging ich einfach. Heute weiß ich, daß Gott mich durch sie warnen wollte."

● „Die Geschichte wurde in der Zeitung breitgetreten, und das hat mich gedemütigt. Fünfundzwanzigtausend Familien in meiner Stadt haben von meiner Vergewaltigung gelesen. Der letzte Absatz berichtete aber über meinen Glauben und wie mir Christus geholfen hat, diese Qualen durchzustehen. Können Sie sich das vorstellen? Gott hat mich gebraucht, um so den ganzen Ort auf ihn hinzuweisen."

● „Ich erinnerte mich daran, von Paulus' ‚Stachel im Fleisch' gelesen zu haben. Gott hat ihm geboten: ‚Du brauchst nicht mehr als meine Gnade. Je schwächer du bist, desto stärker erweist sich an dir meine Macht'(2. Korinther 12,9). Nun weiß ich: die Sache, die mein Leben zerstören sollte, wird Gott besonders gebrauchen, um seine Macht in meinem Leben zu offenbaren."

● „Ich danke Gott dafür, daß ich noch immer Jungfrau bin. Durch diese schreckliche Erfahrung ist mir etwas über Reinheit aufgegangen. Reinheit kann einem niemals genommen werden; sie kann nur weggegeben werden. Ein Verrückter mit einem Messer kann mein Innerstes nicht antasten."

Im Laufe der Jahre bin ich mit Hunderten von Männern und Frauen ins Gespräch gekommen, die Vergewaltigung, schwere Belästigung oder Inzest erleiden mußten. Ohne Ausnahme haben alle, mit denen ich gesprochen habe, sich selbst die Schuld gegeben. Das hat alles nur noch verschlimmert. Im ganzen Land habe ich Gabys Geschichte als überzeugendes Beispiel dafür gebraucht, daß die Opfer sexuellen Mißbrauchs nicht selbst schuldig sind. Gott sagt zur Vergewaltigung: „Wenn aber der Mann ... sie vergewaltigt, muß nur er sterben. Dem Mädchen kann kein todeswürdiges Verbrechen zur Last gelegt werden" (5. Mose 22,25.26). Ich habe schon bei so vielen jungen Leuten Freudentränen gesehen, als

Gottes Geist sein Wort und Gabys Zeugnis benutzte, um diese in ihren eigenen Gefühlen Gefangenen zu befreien (Johannes 8,32).

5. Schritt: Bedenke, daß der Heilungsprozeß Zeit braucht

Niemand erwartet, daß Jahre traumatischer Erlebnisse und tief eingeschliffene Verhaltensmuster des Hasses über Nacht verschwinden. Dazu ist viel Zeit nötig.

Niemand kann dir sagen, wieviel Zeit dieser Prozeß beanspruchen wird. Zwischen dem Händedruck bei der ersten Wiederbegegnung mit meinem Vater und meiner vollständigen Heilung lagen ganze fünf Jahre. Während dieser Zeit stellte Gott eine Beziehung wieder her, die ich als hoffnungslos zerbrochen aufgegeben hatte. Mein Vater und ich wurden die besten Freunde. Hätte ich es nicht selbst erlebt, ich hätte das nie für möglich gehalten. „Für Gott ist nichts unmöglich" (Lukas 1,37). Genau dies wird durch mein Leben bestätigt.

Die Geschichte hörte nicht in jener kleinen Blockhütte auf. Viele Fragen blieben noch offen und verlangten nach einer Antwort. Vielleicht fragst du: „Was hast du während der fünf folgenden Jahre getan, damit eure Beziehung wieder heil wurde? Sagt die Bibel etwas über den Wiederherstellungsprozeß? Kann ich sicher sein, daß auch meine Vergangenheit heil werden kann?" Auf diese und weitere Fragen werde ich im nächsten Kapitel eingehen. Zunächst noch zu diesem Kapitel:

Wie sieht es mit dir aus?

1. Hast du dich ehrlich diesen Fragen gestellt: „Will ich zulassen, daß Gott mein Herz verändert? Will ich .... (Name einsetzen) vergeben?" Falls nicht, dann tue es bitte jetzt.

Ich weiß, daß du große Zweifel und Angst hast. Vielleicht hast du Fragen wie: „Was ist, wenn sich nichts ändert? Was ist, wenn ich ihn weiterhin hasse?" Ich nehme doch stark an, daß du dich von solchen Zweifeln nicht aufhalten lassen wirst. Wahrscheinlich wirst du immer wieder auf dem Weg stolpern und hinfallen. Dann denke daran, daß Vergebung ein Prozeß ist. Wir sprechen hier nicht von einem Schalter, den man ein- und ausschalten kann. Vergebung gleicht eher einem Dimmerschalter, der allmählich an- und ausgeht. Fang einfach jetzt an. Sage Gott, daß du möchtest, daß er dich verändert. Nenne ihm auch deine Zweifel und Bedenken.

2. Bist du bereit, ein paar Listen zu erstellen? Erledige diese Aufgabe, wenn du etwas Zeit zum Nachdenken hast.

Das Wachrufen einiger Erinnerungen wird zweifellos weh tun, es ist aber nötig. Sich seinen Verletzungen ehrlich zu stellen, ist ein Schritt auf dem Weg der Heilung. Denke daran, daß es das Problem nur verschlimmert, wenn du alles verdrängst. Nachdem du die beiden Listen erstellt hast, lies Matthäus 18,21-35. Welche der beiden Listen ist die 15 Millionen Mark-Liste, welche die 30 Mark-Liste? Nachdem du über das Gleichnis in Matthäus 18 nachgedacht hast, zerreiße die 30 Mark-Liste!

3. Hast du schon darüber nachgedacht, was die Verletzungen, an denen du leidest, Positives mit sich gebracht haben? Beschäftige dich hiermit bitte intensiv. Bitte Gott, dir seine Sicht der Dinge zu geben. Nimm die Verheißung aus Jakobus 1,2-5 in Anspruch:

„Nehmt es als Grund zur Freude, wenn ihr auf vielerlei Weise auf die Probe gestellt werdet. Denn ihr wißt: Wenn euer Glaube auf die Probe gestellt wird, führt euch das zur Standhaftigkeit; die Standhaftigkeit aber soll euch zur Vollkommenheit führen, damit ihr in jeder Hinsicht fehlerlos und untadelig seid. Wenn aber einer von euch nicht weiß, was er in einem bestimmten Fall tun muß, soll er Gott um Weisheit bitten. Gott wird sie ihm geben, denn er gibt gern und teilt allen großzügig aus."

4. Der Prozeß braucht Zeit, bis sich seine Wirkung zeigt. Sitze aber währenddessen nicht untätig herum. Die Zeit der Heilung erlaubt dir, einige Grundsätze anzuwenden, die ich im nächsten Kapitel ausführen werde.

5. Kapitel
Es ist nie zu spät

„Wenn dein Feind hungrig ist, dann gib ihm zu essen, und wenn er Durst hat, gib ihm zu trinken. Damit wirst du ihn beschämen." (Römer 12,20)

Auf dem Zettel stand: „Melden Sie sich unverzüglich im Büro des Dekans."

Der erste Gedanke, der mir durch den Kopf schoß: „Was habe ich getan?" Das konnte nur Ärger bedeuten.

Schon in der Halle kam mir der Dekan entgegen, legte seine Hand auf meine Schulter und versuchte, mir die Nachricht so schonend wie möglich beizubringen. „Wir haben gerade einen dringenden Anruf Ihrer Stiefmutter bekommen. Ihr Vater hatte einen schweren Herzinfarkt und mußte sofort zu einer Notoperation ins Huntington Memorial Krankenhaus." Für die Fahrt vom Seminar zum Krankenhaus benötigt man normalerweise eine dreiviertel Stunde. Ich legte die Strecke in 20 Minuten zurück. Ich lief in die Eingangshalle, ließ mir von einem Mitarbeiter den Weg beschreiben und rannte in den Warteraum der Intensivstation.

Hier herrschte eine gedrückte Stimmung. Alle Anwesenden warteten auf Nachrichten über den Zustand geliebter Menschen. Einige würde die Prognose des Arztes beruhigen, andere würden weniger erfreuliche Nachrichten kaum verkraften. Einige lasen, einige weinten leise, andere starrten hilflos vor sich hin.

Die Stunden verrannen. „Warum dauert es so lange?" fragte ich. Die Krankenschwestern zuckten die Schultern und schauten mich ausdruckslos an. Niemand schien mit mir reden zu wollen.

Plötzlich passierte alles auf einmal. Meine Stiefmutter erschien und sprudelte heraus: „Ich war in der Küche und habe plötzlich einen dumpfen Laut aus dem Schlafzimmer gehört. Ich lief hin, und da lag er mit dem Gesicht auf dem Boden." Sie zitterte bei dem Versuch, die Tränen zurückzuhalten.

Sie wurde abrupt von einem Arzt unterbrochen.

„Frau Bertolini? Würden Sie bitte mitkommen?" Wir machten uns auf das Schlimmste gefaßt. Er kam sofort zur Sache und gab einen knappen Bericht. „Ihr Mann hatte einen Herzinfarkt mit bereits erheblichen Schädigungen. Das machte eine dreifache Bypaßoperation nötig. Wir haben Teile einer Arterie aus dem Bein entnommen und mit ihnen die geschädigten Teile des Herzens ersetzt. Die nächsten Tage wird sein Zustand noch kritisch sein. Sie können ihn jetzt für ein paar Minuten im Aufwachraum sehen."

Meine Stiefmutter kann normalerweise nichts aus der Fassung bringen. Nun mußte sie aber zu meiner Überraschung selbst medizinisch versorgt werden, nachdem sie meinen Vater gesehen hatte.

„Jetzt sind Sie dran!" forderte mich ein Krankenpfleger auf. Mit zitternden Knien und einem Blick auf den kraftlosen Körper meiner Stiefmutter auf einer Liege erhob ich mich.

Das, was ich nun sah, kann ich nicht in Worte fassen. Eine eigenartige Stille lag in dem Raum. Die einzigen Geräusche waren das leise Surren der Herz-Lungen-Maschine und der pulsierende Takt des Herzschlagmonitors. Überall nichts als Schläuche, die in unzählige Öffnungen des scheinbar leblosen Körpers meines Vaters hineinführten. Es sah aus, als habe ihn ein außerirdisches Wesen mit seinen Fangarmen im tödlichen Griff. Eine Videokamera besorgte die Rund-um-die-Uhr-Überwachung.

Als ich nähertrat, bemerkte ich die vielen Verbände an seiner Brust. Vom Hals abwärts war sein Körper mit einem orangefarbenen antiseptischen Mittel bedeckt. Seine Haut war grau, die Augen geschlossen. Sein Körper lag ganz still. Ich konnte auch kein Atmen wahrnehmen. Das einzige Lebende in diesem Raum schien der Herzschlagmonitor zu sein.

Es kam mir wie Stunden vor, aber schon nach wenigen Minuten bat mich ein Pfleger, zu gehen. Erleichtert kam ich seiner Bitte nach.

Am nächsten Morgen wurde mein Vater auf die Herzstation verlegt. Sein Zimmer war angefüllt mit einer Unmenge von Apparaten, einem Gewirr von Kabeln und Schläuchen und vielen blinkenden Lichtern.

Als mein Schatten auf seine Augen fiel, bemerkte ich, wie er ganz sacht zuckte. Er versuchte sich zu räuspern. Er spürte, daß jemand neben ihm stand. Seine Lippen zitterten, als er um Wasser bat. Ich schellte nach der Schwester. Sie tauchte einen Tampon in ein Glas Wasser und befeuchtete so seinen ausgetrockneten Mund.

Es gelang ihm, die Augen ein wenig weiter zu öffnen. Ich sah, wie sich seine Pupillen dem Licht im Raum anpaßten.

Dann erkannte er mich. Stück für Stück bewegte sich seine Hand langsam zur Schelle für die Schwester. Während er dies tat, begann sein Herz schneller und sprunghafter zu schlagen. Er drückte den Knopf und in Sekundenschnelle stand die Schwester im Zimmer.

Panische Angst befiel mich. Ich fürchtete, meine Anwesenheit würde die ganze Situation verschlimmern. Krankenschwestern umringten sein Bett – bereit, jederzeit einzugreifen. Seine Lippen öffneten sich, und er begann, mit kaum hörbarer Stimme zu sprechen. Eine Krankenschwester hielt ihr Ohr an seinen Mund, um ihn verstehen zu können. Schweigend starrte ich ihn an. Der Raum schien zu verschwimmen, die Zeit stillzustehen.

Wie waren mein Vater und ich nur hierhergekommen? Hatte ich diesen Menschen wirklich so viele Jahre lang gehaßt? Erinnerungen schossen mir durch den Kopf. Fünf Jahre waren seit jenem schicksalsträchtigen Handschlag vergangen. Mir kam es vor, als sei das erst gestern gewesen, als sich seine neue Frau als meine Stiefmutter vorstellte. Wo war die Zeit geblieben?

Während dieser fünf Jahre hatten wir viele wertvolle Erlebnisse zusammen. Überwältigt hatte ich erlebt, wie Gott eine völlig zerstörte Beziehung wiederherstellte.

Mein Vater keuchte. Meine Aufmerksamkeit richtete sich wieder auf seine ausgemergelte Gestalt. Damit ich sein Flüstern verstehen konnte, mußte ich mich vorbeugen. Seinem fast unhörbaren Murmeln entnahm ich vier Worte – Worte, auf die ich dreiundzwanzig Jahre gewartet hatte. Seine Lippen zitterten, als er sich unter größter Anstrengung räusperte. Schließlich brachte er doch noch vier Worte hervor. Für die Schwestern waren sie zwar ohne Bedeutung, aber für mich unbeschreiblich wichtig. Er flüsterte: „Das ist mein Sohn."

Dann stieß er einen langen Seufzer aus. Bedächtig schob er seine Hand Stück für Stück das Bettgeländer entlang, legte sie auf meine und drückte sie leicht. Obwohl es ihm offenbar große Schmerzen bereitete, brachte er doch genug Kraft auf, um noch etwas zu sagen. Er seufzte noch einmal, räusperte sich und begann zu sprechen.

Ich weiß nicht, ob es die Schwestern bemerkten, Ich aber auf jeden Fall. Trotz seiner Schmerzen strahlten seine Augen, wie das bei stolzen Vätern der Fall ist. Obwohl er mit dem Tode rang, formten sich seine Lippen zu einem Lächeln, so wie stolze Väter nun einmal lächeln. Ich konnte sehen, wie er unter den vielen Verbänden seine Brust ein kleines Stück herausdrückte, genau wie stolze Väter das machen. Noch einmal drückte er meine Hand, holte tief Luft und brachte mühsam heraus: „Das ist mein Sohn. Er ist Pastor!"

Wieder spürte ich, wie er meine Hand drückte. Dann entspannte sich sein Körper und sein Puls beruhigte sich. Der Takt des Herzschlagmonitors wurde gleichmäßig. Behutsam strichen die Schwestern Kopfkissen und Decke glatt und verließen leise den Raum.

Sie hatten nicht die geringste Ahnung, was in diesem Zimmer wirklich vor sich ging. Ganze dreiundzwanzig Jahre hatte ich auf diesen Augenblick gewartet. Das erste Mal in meinen Leben wußte ich, daß mein Vater stolz auf mich war! Der Traum meines Lebens war auf der Herzstation des Huntington-Memorial-Krankenhauses wahr geworden.

Mein Vater erholte sich wieder vollständig von der Operation, und auch unsere Beziehung kam wieder in Ordnung. Hättest du gesehen, wie wir beide in der Siedlung spazierengingen, du hättest die besten Freunde gesehen. Es hatte aber vieler Opfer und Anstrengungen bedurft, um dies zu erreichen. Es stimmt, daß der wahre Wert einer Sache sich daran mißt, wieviel Anstrengung es gekostet hat, sie zu bekommen. Deshalb wurde die Freundschaft zu meinem Vater sehr kostbar für mich.

Die bisher beschriebenen Schritte sind lediglich der Anfang eines langandauernden Versöhnungsprozesses. Ein langer, mühsamer Weg lag noch vor mir. Anhand der Bibel habe ich fünf weitere Grundsätze entdeckt, die nötig sind, um den Prozeß zu Ende zu führen:

Erwarte nicht von dem anderen, daß er sich ändert

Man sollte demjenigen, dem man vergeben hat, keine Erwartungen auflasten. Wenn dir der Gedanke „Ich habe mich geändert. Jetzt bist du an der Reihe" durch den Kopf geht, erwartet dich eine große Enttäuschung. Wenn sich der andere jetzt nicht ändert, entfacht das deine Verbitterung von neuem.

Wie so vieles andere lernte ich auch das durch meine eigene Erfahrung. Ich hatte es abgelehnt, meinen Vater als fehlerhaften Menschen anzunehmen. Er wurde nicht als Computer erschaffen, und so konnte ich ihn auch nicht darauf programmieren, meinen Wünschen gemäß zu reagieren. Genau wie ich hatte auch er Bedürfnisse, Verletzungen und Probleme. Einige reichten sehr tief, viele hatte er jahrelang verdrängt. Sein äußeres Verhalten spiegelte seine inneren Verletzungen wider.

Die Zeit, die ich für meine Heilung benötigt hatte, mußte ich auch meinem Vater zugestehen. Das ging mir auf der Entbindungsstation eines anderen Krankenhauses auf. Nach neunzigminütiger Anstrengung hatte meine Frau unser erstes Kind zur Welt gebracht. Mit einem markerschütternden Schrei machte unser kleiner David seine Ankunft bekannt. Mein Vater eilte zum Krankenhaus und wartete gespannt darauf, seinen ersten Enkel zu sehen. Er lief zu dem großen Fenster und spähte in das Zimmer. Man konnte die Spannung förmlich knistern hören, als Eltern, Großeltern und Geschwister stolz den Familienzuwachs bestaunten.

Als er einen Blick auf David geworfen hatte, donnerte mein Vater zynisch: „Dewey, endlich hast du einmal etwas richtig gemacht." Alle Augen waren auf mich gerichtet. Ich fühlte mich gedemütigt. Er hatte sich nicht im geringsten verändert. Noch nicht einmal ein Kompliment konnte er ohne diesen zynischen Unterton machen.

Wie sollte ich mich verhalten? Am liebsten wäre ich vor Wut explodiert und hätte gekontert – Feuer mit Feuer bekämpft. Aber ich tat das nicht. Ich ignorierte meinen Schmerz und meine Verlegenheit und entdeckte, daß die Ursache für die Ausfälligkeit in ihm selbst lag: Ich sah einen Menschen, der tief davon überzeugt war, er könne nichts richtig machen.

Also erwiderte ich nur: „Wie gefällt dir dein Enkel?" Weil ich begann, meinen Vater so akzeptieren, wie er war, nahmen die Dinge fast normal ihren weiteren Lauf – wir verbrachten feiernd eine unvergeßliche Nacht.

Vielleicht fragst du: „Aber warum sollte er sich nicht ändern können, wenn ich es doch auch kann?"

Denke einmal über diese drei Gründe nach:

1. Wir können die Handlungen und Einstellungen anderer nicht kontrollieren. Nur mit unseren eigenen ist das möglich. Deshalb schrieb Paulus: „Soweit es an euch liegt, tut alles, um mit jedermann in Frieden zu leben" (Römer 12,18).

2. Nur Gott kann ein Herz verändern. Trotzdem kann jemand Gottes Handeln widerstehen. Folglich verhärtet sich sein Herz, und er verschanzt sich nur noch tiefer hinter seiner beleidigenden Art.

3. Gott möchte unsere schmerzlichen Erfahrungen dazu gebrauchen, unseren Charakter dem von Jesus Christus ähnlicher zu machen (Liebe, Freude, Friede, Geduld, Freundlichkeit, Güte, Treue, Nachsicht und Selbstbeherrschung [Galater 5,22]). Gott benutzt eventuell menschliche Hämmer und Meißel, um unsere scharfen Ecken und Kanten gezielt zu beseitigen. Vielleicht ist ein länger anhaltendes Meißeln notwendig, bevor er die gewünschten Resultate erzielt.

Ich hoffe, du hast nicht den Eindruck, ich hätte mich nach dem Händedruck mit meinem Vater in ein sündloses Vorbild verwandelt. Es hat mehrere Monate gedauert, bis ich den Mut aufbrachte, um so wie auf der Entbindungsstation zu reagieren. Es wird ein langer Kampf, bevor du auf den Menschen, der dich verletzt hat, gereift und angemessen reagieren kannst. Der Sieg zeichnet sich aber schon ab, wenn du akzeptierst, daß sich diese Person möglicherweise nie ändert.

Unterscheide zwischen deiner Verantwortung für andere und deinen eigenen Angelegenheiten

Einer meiner Schüler sprach mich an: „Dewey, ich halte Sonntagabend meine allererste Predigt und brauche deine Hilfe. Immer wenn ich an meinem Schreibtisch sitze, um die Predigt vorzubereiten, geht mir der Gedanke durch den Kopf: ‚Du bist ein Heuchler. Wie kannst du anderen von Liebe erzählen, während du deinen eigenen Vater haßt?'"

Dieser Einwand schien mir berechtigt, und deshalb sagte ich: „Du hast recht. Du kannst nicht erwarten, vollmächtig zu predigen, bevor sich diese Haltung nicht geändert hat." Danach führte ich meinen Schüler durch die Schritte aus Kapitel vier dieses Buches. Als er das Ausmaß seines Hasses erkannte, kamen ihm die Tränen. Er bat Gott, ihn davon zu reinigen.

Eine Woche später trafen wir uns wieder. Er berichtete, daß er am Sonntag bei der Predigt eine noch nie dagewesene Freiheit verspürt hatte. Er hatte seinem Vater vergeben. Doch nun sprach er einen weiteren Punkt an.

„Was soll ich mit meiner Mutter machen? Mein Vater quält sie ununterbrochen. Wenn er damit nicht aufhört, macht er sie noch kaputt. Jedesmal, wenn er sie so behandelt, könnte ich vor Wut platzen. Was soll ich nur machen?"

Dergleichen muß ich mir jede Woche anhören. Manchmal bin ich tief frustriert, weil solche Situationen zu den härtesten überhaupt gehören. So sehr mein Vater mich auch verletzt hat, so tat es mir noch mehr weh, wenn ich zusehen mußte, wie er meine Mutter und meine Schwestern quälte.

Meinem Schüler ging es auch so. Für seinen eigenen Schmerz konnte er seinem Vater verhältnismäßig schnell vergeben. Etwas ganz anderes aber war, seinem Vater das Leid zu vergeben, das er seiner Mutter zugefügt hatte.

Meine Antworten lauteten etwa so:

1. „Du kannst nicht die Schlachten deiner Mutter schlagen. Das kann nur sie selbst. Als Gott sagte: ‚Du brauchst nicht mehr als meine Gnade. Je schwächer du bist, desto stärker erweist sich an dir meine Macht' (2. Korinther 12,9), gab er Paulus dieses Versprechen

und nicht denen, die dabeistanden und ihn leiden sahen. Gott wird deiner Mutter seine Gnade geben, durch ihre Schwächen seine Macht zu offenbaren, wie er auch dir diese Gnade gegeben hat, wenn sie ihn darum bittet. Er wird dir aber nicht die Gnade geben, ihre Schlachten für sie auszutragen."

2. „Du kannst nicht der Aufpasser deiner Mutter werden. Das kann nur Gott. Seine Verheißung an sie steht fest: ‚Gott hält sein Versprechen und läßt nicht zu, daß die Prüfung über eure Kraft geht. Wenn er euch auf die Probe stellen läßt, sorgt er auch dafür, daß ihr bestehen könnt'" (1. Korinther 10,13).

3. „Du kannst deine Mutter unterstützen. Neben deinen Gebeten kannst du ihr etwas bieten, was ihr vielleicht niemand sonst geben kann – ein zuhörendes Ohr, eine Schulter zum Ausweinen, einen sensiblen und mitfühlenden Geist und eine beruhigende Stimme, die ihr wieder Hoffnung gibt."

4. „Du kannst ihr mit deinem Rat zur Seite stehen, wenn du gefragt wirst. Deine Mutter braucht jemanden, den sie um Rat fragen kann. Anstatt innere Kraft gegen deinen Vater aufzuwenden, weil er sich so verhält, solltest du lieber deine Kraft dazu verwenden, biblische Antworten auf ihre Fragen zu finden. ‚Seid immer bereit, Rede und Antwort zu stehen, wenn jemand fragt, warum ihr so von Hoffnung erfüllt seid. Antwortet freundlich und mit dem gebotenen Respekt'" (1. Petrus 3,15.16).

5. „Ergreife nicht Partei für eine Seite. Das wird dir spätere Gelegenheiten nehmen, auf deinen Vater einzuwirken, wenn du dich jetzt auf die Seite deiner Mutter schlägst."

6. „Du mußt zulassen, daß Gott deine Mutter durch ihren eigenen Schmerz verändert. Ich weiß, daß du das Leiden deiner Mutter gerne lindern würdest. Tätest du das aber vor Gottes Zeit, könntest du den Prozeß stören, mit dem Gott ihren Charakter formen möchte."

7. „Du mußt dich selbst vor Verbitterung schützen. Tust du das nicht, kann dir das die Möglichkeit nehmen, anderen zu helfen."

Laß dir etwas einfallen, wie du Gutes tun kannst

Hast du dir die Persönlichkeiten der Apostel schon einmal näher angeschaut? Es war ein heilloses Durcheinander! Schau dir zum Beispiel Lukas 9 an. Ein Streit hätte die Einheit der Gruppe beinahe zerstört. „Unter den Jüngern kam es zu einem Streit, wer von ihnen der Bedeutendste sei" (Vers 46). Jesus wies sie zurecht, indem er ihnen das beste Mittel aller Zeiten zur Heilung zerstörter Beziehungen gab: „Wer der Erste sein will, der muß sich allen anderen unterordnen und ihnen dienen" (Markus 9,35).

Dienen meint, die Bedürfnisse des anderen zu erkennen und zu versuchen, mit Phantasie auf sie einzugehen. Das sollte unabhängig davon sein, welche persönlichen Opfer man bringen muß. Es erfordert außerdem Gehorsam gegenüber dem Gebot, das Paulus in Römer 12,20 zitiert: „Wenn dein Feind hungrig ist, dann gib ihm zu essen, und wenn er Durst hat, gib ihm zu trinken. Damit wirst du ihn beschämen." Er wird sich also dafür schämen, was er dir angetan hat.

Der Herausgeber der Life Application Bible schrieb hierzu:

„In der heutigen Zeit mit ihren ständigen Strafprozessen und dem unaufhörlichen Bestehen auf eigenen Rechten klingt obiges Gebot fast unmöglich. Wenn dich jemand verletzt, sollst du ihm behilflich sein, anstatt ihm das zu geben, was er verdient. Warum empfiehlt uns Gottes Wort dringend, unseren Feinden zu vergeben? (1) Vergebung kann den Teufelskreis der Vergeltung durchbrechen und zu gegenseitiger Versöhnung führen. (2) Der Feind wird beschämt sein und sein Verhalten ändern. (3) Im Gegensatz dazu verletzt es dich genauso wie deinen Gegner, wenn du Böses mit Bösem vergiltst. Auch wenn dein Feind nie einlenkt, wird dich die Vergebung von der schweren Last der Verbitterung befreien."

Da sich mein Vater von der Herzoperation erholen mußte, bekam ich die gute Gelegenheit, diesen Vers in die Tat umzusetzen. Er konnte nicht mehr den Rasen mähen, und deswegen mähte ich ihn freiwillig jede Woche. Mehrere Räume in seinem Haus mußten neu gestrichen werden, also nahm ich Pinsel und Leiter und machte mich an die Arbeit. Die Fliesen in der Dusche waren von einem dunklen, zähen Belag überzogen. Mit einer Flasche Reinigungsmittel rückte ich dem Belag zu Leibe und konnte meinem Vater hinterher die sauberste Dusche der ganzen Siedlung präsentieren. Nichts brachte mir mehr Zuneigung meines Vaters ein als diese freiwillig erbrachte Arbeit.

Wenn du von einem Elternteil verletzt worden bist, bring ihm trotzdem Respekt entgegen

Paulus führt diese Regel in Epheser 6,1.2 an: „Ihr Kinder, gehorcht euren Eltern und bezeugt dadurch eure Unterordnung unter den Herrn. So ist es recht und billig. ‚Ehre Vater und Mutter.'" Es ist wichtig, die Kernbegriffe auseinanderzuhalten. Gehorsam bezieht sich auf eine Handlung, Respekt auf eine Haltung. Gehorsam bedeutet, daß du das tust, was dir aufgetragen worden ist, und zwar dann, wenn du es tun sollst. Respekt hingegen geht noch einen Schritt weiter, nämlich daß wir unsere Eltern mit derselben Hochachtung behandeln, die wir Jesus Christus entgegenbrächten, wenn er bei uns zu Besuch wäre.

Ich bin der Erste, der zugeben muß, daß längst nicht alle Eltern solchen Respekt verdienen. Kinder durchschauen Heuchelei schneller als sonst jemand. Weil ihre Eltern so inkonsequent und widersprüchlich leben, meinen viele junge Leute, daß sie ihre Eltern nicht zu respektieren brauchen. Auflehnung wird meistens ihr stärkstes Mittel des Protests.

Eine derartige Einstellung läßt den sehr wichtigen Grundsatz außer acht: Dieser Mensch an sich verdient solchen Respekt vielleicht nicht, als Elternteil aber auf jeden Fall.

David handelte entsprechend, als er es ablehnte, einem mordlustigen König keinen Respekt mehr zu erzeigen. Deutlich stellte er den Unterschied zwischen Sauls *Person* und Sauls *Position* heraus: „Gott bewahre mich davor, daß ich Hand an meinen Herrn lege! Er ist doch der König, den Gott eingesetzt hat!" (1. Samuel 24,7)

Wenn mein Vater nur irgendeiner der über 5 Milliarden Menschen auf diesem Planeten wäre und zwischen uns keine Verbindung bestünde, hätte er meinen Respekt vielleicht nicht verdient. Nun war er aber nicht nur irgend jemand. Er nimmt in meinem Leben eine einzigartige Stellung ein. Er ist mein Vater und als solchem steht ihm Respekt zu. Genauso verdient dein Vater Respekt.

Gib deinen Gefühlen keinen zu hohen Stellenwert

Vielleicht überrascht dich diese Empfehlung. Vielleicht verzehrt dich noch immer deine Wut, und du verübelst es jemandem, daß er sich bisher nicht geändert hat. Oder du möchtest am liebsten auf ihn losgehen, weil er einem Menschen, den du gern hast, etwas angetan hat. Womöglich verabscheust du den Gedanken, jemandem etwas Gutes zu tun, der dich so tief verletzt hat, und sinnst darüber nach, wie du das umgehen kannst. Denke daran, daß Vergebung vor allem eine Sache des Verstandes ist und nicht des Gefühls.

Bei meinem Vater habe ich die Erfahrung gemacht, daß, wenn ich das Richtige tat, meine Gefühle auch bald nachzogen und sich mit mir wieder im Einklang befanden. Denke einmal über folgenden Auszug aus The Life Application Bible nach:

„Vergebung braucht beides: die innere Haltung und auch Handlungen. Wenn es dir schwerfällt, jemandem, der dich verletzt hat, gefühlsmäßig zu vergeben, versuche einmal, Vergebung als Handlung zu praktizieren. Sage diesem Menschen bei passender Gelegenheit, daß du eure Beziehung gern wieder in Ordnung bringen würdest. Hilf ihm auch dabei. Schicke ihm ein kleines Geschenk, lächele ihn an. Oft wirst du feststellen, daß die *richtigen Handlungen zu richtigen Gefühlen führen.* “

Wie sieht es mit dir aus?

1. Schlage noch einmal das dritte Kapitel auf und wiederhole die sieben Erklärungen von Vergebung. Die Motivation dafür, die in diesem Kapitel gezeigten fünf Schritte zu tun, kommt aus dem Verständnis von Vergebung. Kannst du vor dem Hintergrund dieser Erklärungen Gott ehrlich dafür danken, daß er zugelassen hat, daß deine Lage so gekommen ist?

2. Verbindest du mit deiner Vergebung bestimmte Erwartungen? Bist du bereit zu akzeptieren, daß dieser Mensch sich vielleicht nie ändert? Hast du genügend Geduld, Gott zuzugestehen, diesen Menschen zu seiner Zeit und auf seine Weise zu verändern?

3. Bist du bitter geworden wegen des Leides, das ein anderer

ertragen muß? Siehst du dich selbst als seinen Beschützer oder Retter an? Frustriert es dich, daß du scheinbar machtlos bist, einzuschreiten? Nimm diese Frustration als Motivation, für diesen Menschen zu beten. Bete nicht nur darum, daß Gott die Situation ändert. Bitte Gott vor allem, die darin verwickelten Menschen zu verändern.

Als auf die ersten Christen eine Verfolgung zukam, die ihnen Gefängnis oder Tod hätte bringen können, beteten sie nicht darum, daß Gott die Situation ändern möge, sondern um Stärke inmitten der Verfolgung (Apostelgeschichte 4,23-31). Sie baten Gott, nicht die Umstände zu ändern, sondern ihre Herzen.

Gott ist es immer wichtiger, unsere Persönlichkeit zu formen, als daß wir uns wohlfühlen. Gott verändert Situationen, indem er die Herzen der daran beteiligten Menschen verändert. Deswegen solltest du, wenn du frustriert oder ärgerlich bist, darum beten, daß Gott seine Ziele durchsetzt mit den Menschen, die an der Sache beteiligt sind. Das geschieht dann zu seiner Ehre und deinem Besten (Römer 8,28.29).

4. Schaue dich nach Möglichkeiten um, wie du dem Gutes tun kannst, der dich verletzt hat. Knüpfe aber keine Erwartungen daran.

Denke an die Worte Jesu in Matthäus 25,37-40: „Dann werden die, die Gottes Willen getan haben, fragen: ‚Herr, wann sahen wir dich jemals hungrig und gaben dir zu essen? Oder durstig und gaben dir zu trinken? Wann kamst du als Fremder zu uns und wir nahmen dich auf, oder nackt und wir gaben dir Kleider? Wann warst du krank, und wir sorgten für dich, oder im Gefängnis, und wir besuchten dich?‘ Dann wird der König antworten: ‚Ich will es euch sagen: Was ihr für einen meiner geringsten Brüder getan habt, das habt ihr für mich getan.‘"

Vielleicht hast du nicht das geringste Verlangen danach, demjenigen, der dich verletzt hat, etwas Gutes zu tun. Allein der Gedanke daran ist dir unerträglich. Womöglich werden deine Taten nicht einmal bemerkt oder anerkannt. Oder du wirst sogar verspottet und lächerlich gemacht. Wie auch immer, letztlich dienst Du damit nicht nur dem, der dich verletzt hat, sondern auch dem Herrn. Er wird deine Bemühungen mit Sicherheit anerkennen und belohnen.

5. Wenn es um deine Eltern geht, solltest du die Abschnitte über Gehorsam und Ehrerbietung wiederholen. Erinnere dich an den Unterschied zwischen dem Respekt gegenüber einer *Person* und dem Respekt gegenüber einer *Stellung*. Dieses Gebot gilt übrigens auch für dein Verhältnis zum Arbeitgeber (Kolosser 3,22-24).

6. Lebe dein Leben eher nach dem Kopf als aus dem Bauch. Laß dich nicht von deinen schlechten Gefühlen verleiten. Gefühle sind unbeständig. Tue das, was du für richtig hältst, deine Gefühle werden mit der Zeit nachziehen.

Kapitel 6
Kannst du dich an Schönes erinnern?

„Jesus sah Maria weinen; auch die Leute, die mit ihr gekommen waren, weinten. Er wurde zornig und war sehr erregt. ‚Wo liegt Lazarus?' fragte er. ‚Komm, wir zeigen es dir!' sagten sie. Jesus kamen die Tränen. Da sagten sie: ‚Er muß ihn sehr geliebt haben!'"
(Johannes 11,33-36)

Hast du schon einmal gesehen, wie ein Künstler im Zirkus versucht, 100 Teller auf 100 Stäben zu drehen? Mehrere Male habe ich schon dabei zugesehen, wie er von einem Stock zum anderen lief und wie er alles versuchte, damit auch nicht ein einziger Teller hinunterfiel.

Jedesmal, wenn ich an der College-Telefonistin vorbeikomme, werde ich an einen Jongleur erinnert. Mit unglaublicher Geschwindigkeit gehen Anrufe über Anrufe an ihrem Schaltbrett ein. Ihre Fähigkeit, alle Telefonate zu bewältigen – manche Anrufer zu verbinden, andere warten zu lassen – kann es mit jedem Jongleur aufnehmen.

Meine Abhängigkeit von ihr zeigte sich an einem schwülen Dienstagnachmittag im Januar 1985. Auf dem Parkplatz sprach ich gerade mit zwei Schülern, als ein Mädchen angerannt kam. Aufgeregt rief sie mir zu: „Rufen Sie die Vermittlung an, ein dringender Anruf für Sie!" Ich lief in mein Büro und rief die Telefonistin an, die mich dann mit meiner Mutter verband.

Sie weinte. „Kannst du bitte sofort kommen? Dein Vater hatte einen schrecklichen Unfall. Er ist schwer verletzt." Ihre Stimme versagte.

„Hallo", schrie ich in den Hörer, „Mutter!" Ich hörte nur ein Klicken und dann das Besetztzeichen.

Auf dem Weg nach Hause dachte ich darüber nach, daß meine Mutter geweint hatte. Obwohl seit der Scheidung nun schon mehrere Jahre vergangen waren, lag ihr immer noch sehr viel an meinem

Vater. Meine Mutter und meine Stiefmutter waren mit der Zeit zu Freundinnen geworden. Wir waren wieder eine vereinte Familie.

Bereits fünfzehn Minuten später hatte ich sie abgeholt, und wir fuhren zum Huntigton-Memorial-Krankenhaus. Als ich die Eingangshalle betrat, war mir, als ob ich das alles schon einmal erlebt hätte. Wie lange war es her, seitdem ich das letzte Mal hiergewesen war? Zehn Jahre? Zwölf Jahre?

„O Dewey. Gott sei Dank, daß du da bist!" rief meine Stiefmutter, während sie uns entgegenlief. Schon ihr Gesichtsausdruck sagte mir, daß es schlimm stand. Sie schob mich und meine Mutter in eine Ecke der Halle und begann, uns eine Horrorszene zu beschreiben. „Dein Vater ist auf der Autobahn gefahren und plötzlich ohnmächtig geworden. Die Sanitäter haben ihn dann gefunden, wie er auf der Straße lag." Sie konnte nicht weitersprechen.

Mit einem Mal sprang ich von meinem Stuhl auf, lief in die Notaufnahme, packte einen Pfleger und schrie: „Wo ist mein Vater? Ich will zu meinem Vater!" Er führte mich in ein Büro, das nicht größer als eine Besenkammer war, rief einen Doktor herbei und forderte mich auf zu warten. Innerhalb einer Minute erschien der Arzt und stellte sich vor. Er zeigte keine sichtbare Gefühlsregung. Seine herzlose, klinische Kälte verriet, daß er der ganzen Situation gleichgültig gegenüberstand. „Ihr Vater ist tot", sagte er kühl.

Das Wort „tot" hat etwas einmalig Endgültiges an sich und bedeutet Leere und Hoffnungslosigkeit. Die Nachricht traf mich wie eine Bombe.

„Was meinen Sie mit ‚tot'?" fragte ich ihn.

„Wir haben ihn gefunden, wie er auf der Straße lag. Ich kann Ihnen versichern, daß wir alles versucht haben, um ihn wiederzubeleben. Er muß gemerkt haben, daß etwas nicht in Ordnung ist. Er ist nämlich noch zur Ausfahrt gefahren. Wir vermuten, daß er dort das Bewußtsein verlor und dann in eine Leitplanke fuhr. Die Wucht des Aufpralls hat die Fahrertür aufgerissen und Ihren Vater auf die Straße geschleudert." Er geleitete mich in einen der Behandlungsräume. „Er liegt da vorne hinter dem Vorhang. Falls sie noch Fragen haben, können Sie sich an die Schwestern wenden." Damit verschwand er. Plötzlich fühlte ich mich unsagbar allein.

Ich nahm allen Mut zusammen und griff nach einem Zipfel des Vorhangs, um ihn beiseitezuziehen. Es war nicht wie das letzte Mal. Dieses Mal waren nirgendwo Schläuche. Ich hörte auch nicht den gleichmäßigen Takt des Herzmonitors. An der Wand hing keine Videokamera, auch stand keine Unmasse von Geräten herum. Dort waren nur ein Tisch und mein Vater. Er lag einfach da – langsam ging mir auf, was geschehen war.

Rückblick

Hast du schon einmal von jenen Augenblicken gehört, wenn jemandem in Sekundenbruchteilen sein ganzes Leben an den Augen vorbeizieht? Genau das passierte mir. Wie versteinert stand ich da, der Raum verengte sich zu einem Zeittunnel. Ereignisse und Erfahrungen, die schon lange in meinem Unterbewußtsein vergraben waren, tauchten ungewöhnlich realistisch wieder auf. In meiner Vorstellung erwachte mein Vater wieder zum Leben. Diese Augenblicke waren sehr kostbar für mich.

Ich erinnerte mich an jenen Abend, als meine Stiefmutter einkaufen ging und mich und ihn allein zurückließ. Wie gewöhnlich lernte ich den ganzen Nachmittag. Mein Vater und ich wollten nachher zusammen zu Abend essen und uns die Nachrichten oder eine Sportsendung anschauen. Danach wollte ich mich wieder in meine Bücher versenken. Aber an diesem besonderen Abend war meine Stiefmutter nicht da und alles war ruhig.

Während der letzten Wochen hatte mich etwas gestört. Es mußte bereinigt werden, aber ich wußte nicht genau, was ich tun sollte. Ich wußte, daß ich meinem Vater vergeben hatte. Aber ich wußte auch, daß ich ihn genauso verletzt hatte wie er mich. Es war für mich an der Zeit, ihn um Vergebung zu bitten.

Immer wieder hatte ich versucht, mir die Schuld auszureden, indem ich mir sagte, es sei sein Verschulden gewesen. Hätte er mich nicht so sehr verletzt, hätte ich ihn auch nicht aus meinem Leben gestoßen. Meine zaghaften Versuche, mich zu rechtfertigen, konnten mein Gewissen allerdings nicht beruhigen. Dann fielen mir die Worte Jesu in Matthäus 5,23.24 ein: „Wenn du zum Altar gehst, um Gott deine Gaben zu bringen, fällt dir dort vielleicht ein, daß dein Bruder etwas gegen dich hat. Dann laß deine Gabe vor dem Altar liegen, geh zuerst zu deinem Bruder und söhne dich mit ihm aus. Danach kannst du Gott dein Opfer darbringen." Jedesmal, wenn ich versuchte, in der Bibel zu lesen oder zu beten, sprangen mich diese Worte an: „Laß deine Gabe ... und söhne dich mit ihm aus."

Ich kämpfte mit mir selbst. „Er hat bestimmt nichts gegen mich", dachte ich. „Wenn es so wäre, hätte er es mir gesagt. Wir kommen so gut miteinander aus, ich sollte die Sache jetzt nicht gefährden. Außerdem hat er mich auch nie um Vergebung gebeten. Warum sollte ich dann ihn um Vergebung bitten?" Es gelang mir auch nicht, die ganze Sache zu vergessen. Eine leise Stimme bohrte immer weiter. Ich konnte nicht verneinen, daß ich für den Zustand unserer Beziehung mitverantwortlich war:

● Als ich aufwuchs, hatte ich meinem Vater nie Liebe entgegengebracht.

● Ich hatte ihm nicht gehorcht und durch Auflehnung meinen Protest zum Ausdruck gebracht.

● Ich hatte ihn auch nicht als Vater geehrt.

● Absichtlich hatte ich ihn aus meinem Leben verdrängt und jeden seiner Kontaktversuche abgewehrt.

● Jahrelang hatte ich eine Wurzel der Bitterkeit gegen meinen Vater gehegt.

● Ich hatte mir ausgemalt, ihn zu vernichten.

● Ich hatte Gott darum gebeten, ihn auf der Stelle umzubringen.

● Jede Hoffnung auf eine vernünftige Vater-Sohn-Beziehung hatte ich im Keim erstickt.

Es war mir nicht mehr möglich, weiterzulernen. Ich legte mein Buch beiseite, ging ins Wohnzimmer und sah meinen Vater an.

„Ich muß mit dir reden", brachte ich mühsam heraus. „Ich habe über die letzten Jahre nachgedacht und schäme mich dafür, wie ich dich behandelt habe. Ich habe dir nie die Liebe und den Respekt entgegengebracht, die du als Vater verdienst. Kannst du mir vergeben?"

Der nächste Augenblick schien eine Ewigkeit zu dauern. Er sagte keinen Ton. Dann erhob er sich langsam von seinem Stuhl, kam auf mich zu und umarmte mich. Zum ersten Mal in meinem Leben sah ich meinen Vater weinen.

Endgültiger Abschied

„Hier bist du!" Die Worte meiner Mutter durchbrachen die Stille des Behandlungsraumes und holten mich aus meinem Tagtraum zurück. „Wir haben dich überall gesucht." Dann erblickte sie meinen Vater. „O mein Gott!" rief sie und fing an zu weinen.

Wenn man nicht selbst den Verlust eines nahestehenden Menschen erlebt hat, kann man sich nicht vorstellen, welch eine Unzahl von Einzeldingen erledigt werden muß. Die Beerdigung mußte vorbereitet, Freunde und Verwandte benachrichtigt, Fragen der Polizei beantwortet werden und so weiter. Das alles mitten in einem kaum auszuhaltenden Durcheinander der Gefühle.

Die Aufbahrung fand drei Tage später statt, doch ich nahm nicht daran teil. Ich hatte einfach nicht die Kraft, meinen Vater noch einmal anzusehen. Die letzte Erinnerung sollte nicht der Anblick eines Toten sein, ich flüchtete lieber in die Erinnerung an unser gemeinsames Leben. Bis heute habe ich seine Begräbnisstätte nicht wieder besucht. Vielleicht werde ich es eines Tages noch tun.

Die Beerdigung würdigte meinen Vater angemessen und anerkennend. Tapfer stand ich da, als die Träger den mit einer Flagge bedeckten Sarg vortrugen. Die Fahne machte deutlich, daß mein Vater im Zweiten Weltkrieg in der Marine gedient hatte, und ich war stolz darauf, daß er sein Leben im Kampf für die Freiheit riskiert hatte.

Als der beste Freund meines Vaters die Grabrede hielt, konnten viele die Tränen nicht zurückhalten. Eine Menge wirrer Gedanken durchflutete mich, als ich auf das Leben meines Vaters zurückblickte. So rief ich mir zum Beispiel den Abend ins Gedächtnis, als er noch spät in mein Zimmer gekommen war und mir gesagt hatte, er wolle meine Hobbies mit mir teilen. „Meinst du, wir könnten anfangen, zusammen etwas zu unternehmen?" hatte er gefragt.

Dann mußte ich an jenen Tag denken, als er mich das erste Mal predigen hörte. Nach der Predigt hatte ich ihn aufstehen lassen und ihn der Gemeinde vorgestellt. Spontaner Applaus war ausgebrochen, und alle hatten sich erhoben.

Ich erinnerte mich, wie mein Vater bei meiner Trauung weinte wie ein Kind. Nie werde ich vergessen, wie er strahlte, als er mir die Hand schüttelte und meine Braut küßte.

Weihnachts- und Geburtstagsfeiern zogen an meinem inneren Auge vorbei, während ich mich bemühte, die Fassung zu bewahren. Die letzten Jahre waren um so wertvoller, weil das Band zwischen uns immer fester geworden war. Aber nun, als der Pastor das Schlußgebet sprach, sollte der letzte Satz des letzten Kapitels geschrieben werden.

Ich stand am Grab und fragte mich: „Wenn er die Geistesgegenwart hatte, seinen Wagen von der Straße zu lenken, hätte er nicht auch die Geistesgegenwart haben können, zu Jesus Christus zu beten?" Er hatte gewußt, worum es dabei ging, wir hatten uns unzählige Male darüber unterhalten. Immer meinte er: „Ich würde sehr gern so glauben wie du. Ich bin aber noch nicht so weit." War er denn bereit gewesen, als er in die Leitplanke gefahren war? Ich klammerte mich an diese leise Hoffnung.

Widerstreitende Gefühle erfüllten mich, als ich den letzen Abschied von ihm nahm. Der Schmerz dieses Augenblicks läßt sich nicht beschreiben. Jesus hatte dafür Verständnis, denn er hat auch am Grab seines verstorbenen Freundes geweint (Johannes 11,35). Und dennoch empfand ich eine unbändige Freude. Eine Freude, die vor allem daher rührte, daß mein Vater wußte, sein Sohn hat ihn lieb. Bevor ich den kleinen, grasbewachsenen Hügel verließ, auf dem sein Sarg stand, sprach ich noch ein letztes Gebet: „Vater im Himmel, ich danke dir dafür, daß ich mit meinem Vater alles in Ordnung bringen konnte, bevor es zu spät war."

Wie sieht es mit dir aus?

1. Ich habe für dich einige besondere Erinnerungen hervorgeholt. Kannst du dich auch an einige schöne Begebenheiten erinnern, die du mit dem erlebt hast, der dich verletzt hat? Denke öfter an sie als an die schlechten.

Falls das jedoch nicht der Fall ist, solltest du daran denken, daß jede Erinnerung in diesem Kapitel aus der Zeit stammt, nachdem ich die Beziehung zu meinem Vater in Ordnung gebracht hatte. Und erst danach konnten diese vielen schönen Ereignisse geschehen. Gib nicht auf, habe Mut! Sobald du die ersten Schritte zur Versöhnung getan hast, kannst du deine eigenen guten Erfahrungen sammeln.

2. Solltest du vielleicht in bezug auf einen Menschen beten: „Hilf mir, Gott, die Angelegenheit zu bereinigen, bevor es zu spät ist"? Was kannst du noch heute tun, um diesem Ziel näherzukommen?

3. Vielleicht fragst du dich auch: „Aber was soll ich tun, wenn es bereits zu spät ist?" In den folgenden Kapiteln gehe ich hierauf weiter ein.

Kapitel 7
Die Ketten sprengen

„Ihr Eltern, behandelt eure Kinder nicht so, daß sie widerspenstig werden! Erzieht sie mit Wort und Tat nach den Maßstäben, die der Herr gesetzt hat. " (Epheser 6,4)

Stan hatte aufgegeben. Ich verstand, warum. Wenn du seine Geschichte hörst, verstehst du es auch.

Stan wurde als Kind abgelehnt und mißhandelt. Als Vater tat er nun seinen Kindern das gleiche an. Die Zeit mit der Familie war voller Demütigungen. An allem, was seine Kinder taten, hatte er etwas auszusetzen. Ständig nörgelte er an ihnen herum, verbesserte sie andauernd. Er behandelte sie wie Dreck.

Aufgebracht fragte mich Stans Ehefrau um Rat. Was sollte ich ihr sagen? Sie beschützte ihre Kinder vor den Beschimpfungen, so gut es eben ging. Aber was kann da eine Frau allein schon sonderlich ausrichten? Hilflos mußte sie mit ansehen, wie sich die Selbstachtung ihrer Kinder nach und nach in Luft auflöste.

Schließlich nahmen die Umstände eine vorhersehbare tragische Wendung. Stans Tochter verliebte sich in jemanden, der ihr das Gefühl gab, geliebt und wertvoll zu sein. Als Stan dann erfuhr, daß seine Tochter schwanger sei, raste er vor Wut. Er tobte im Haus herum und zertrümmerte alles, was ihm in die Quere kam. Als er sich schließlich so weit gefaßt hatte, daß er wieder sprechen konnte, gestand er mir weinend am Telefon, daß er als Vater völlig versagt hatte. Ich hatte dem nichts hinzuzufügen. Leider ging Stan dann aber zu weit. Er gab auf. Er hatte nicht nur gegenüber seinen Kindern versagt, sondern er fand sich auch mit dem Gedanken ab, daß er für den Rest seines Lebens unausweichlich ein Versager *bleiben* würde. Als ob er hilflos Gottes Gericht ausgeliefert sei, gab Stan auf. Das sah ich jedoch völlig anders.

Darf ich dir eine persönliche Frage stellen? Hast du aufgegeben? Fürchtest du, daß es für deine Kinder zu spät ist, weil durch deine bitteren Reaktionen in der Vergangenheit der Schaden schon so groß ist? Hast du Angst, daß du und deine Familie Gottes Gericht ausgesetzt sein könnten?

Warum ist Stan das passiert? Psychologen würden sagen, daß sich die verborgene Feindseligkeit, die Stan mit sich herumgetragen hat, nun an denen auswirkt, die ihm am nächsten stehen. Ein Verschulden sei ihm aber dennoch nicht anzulasten. War es nun Stans Schuld oder nicht? Ich bin der Meinung – und Tausende von Beispielen, die ich hier anführen könnte, bestätigen mich darin –, daß Stan nicht so handeln *mußte*. Er war verantwortlich und hätte seine Tochter auch anders behandeln können.

Leider gebrauchen viele sogar die Bibel, um sich selbst zu rechtfertigen. In 2. Mose 20 steht ein irritierender Vers. Mose hielt Gottes beängstigende Worte fest: „Ich, der Herr, dein Gott, bin ein eifernder Gott, der die Missetat der Väter heimsucht bis ins dritte und vierte Glied an den Kindern derer, die mich hassen" (2. Mose 20,5, Luther).

Leben unter einem Fluch?

Meinen diese scheinbar entmutigenden Worte wirklich, daß Gott über unsere Kinder, Enkel und Großenkel wegen unserer Fehler herfällt? Wie könnte Gott unsere Kinder für unsere Fehler zur Rechenschaft ziehen? Ist Stan von Gott zum Versager verdammt worden? Nein!

Stan ist kein Einzelfall. Im Laufe meiner langjährigen Dienstzeit habe ich viele getroffen, die meinten, unter einem Fluch Gottes leben zu müssen.

Gestern abend wurde mir ein weiterer Fall berichtet. Vor mehreren Jahren machte Jim den Streß einer Scheidung durch, als seine Frau ihn wegen eines anderen Mannes verließ. Daraufhin klagte er Gott und seine Frau an. Nach meiner Kenntnis der Dinge kann ich nur sagen, daß er nichts getan hatte, womit er dieses Schicksal verdient hätte.

Unzählige Male hatte Jim zu Gott geschrien, er möge doch die angeschlagene Ehe wiederherstellen. Gott schien sich nicht darum zu kümmern. Jim schloß daraus, daß Gott ihn fallengelassen hatte. Eigentlich glaubte er sogar, daß Gott aus einem unverständlichen Grund einen Fluch auf ihn gelegt hatte. Folglich wandte er sich von Jesus Christus ab, der ihm scheinbar zuerst den Rücken zugekehrt hatte.

Als er mir seine Lage schilderte, konnte ich einige Dinge erkennen, für die er Gott dankbar sein konnte. Gott hatte ihn trotz seiner Scheidung vielfältig gesegnet. Doch es hatte keinen Sinn, mit Jim darüber zu reden – ich rannte gegen eine meterdicke Wand der Verbitterung, hart wie Granit.

Es stimmt, daß ich nicht in Jims Schuhen stecke. Aus seiner Sicht habe ich mein ganzes Leben lang nur im Segensgarten Gottes gelebt. Er meint, ich hätte keine schweren Tage gehabt. Wenn er wüßte! Äußere Eindrücke können täuschen. Aber dennoch stießen meine schwachen Ermutigungsversuche auf taube Ohren. Was kann man auch jemandem sagen, der meint, Gott hätte ihn verflucht, und der sein ganzes Leben aus diesem Blickwinkel ansieht?

Eine existentielle Frage

Im Licht von Jims Geschichte sollte ich dir eine wichtige Frage stellen: Glaubst du, daß 2. Mose 20,5 ein Beweis dafür ist, daß Gott tatsächlich die Kinder wegen der Fehler ihrer Eltern verflucht? Wenn ja, wie kann ich wissen, ob Gott mich und/oder meine Kinder verflucht hat?

Meine Antwort: Gott tut das auf gar keinen Fall! Eine eingehende Betrachtung des ganzen Kapitels 2. Mose 20 bestätigt das:

1. 2.Mose 20,5 ist nur ein kleiner Abschnitt aus den Zehn Geboten, Gottes Verhaltensregeln, die er dem Volk Israel übergeben hat.

2. Vers 5 steht im Zusammenhang mit dem Übertreten eines bestimmten Gebotes – Götzendienst. Moses Worte beziehen sich nicht auf die Verbitterung von Eltern, die einst selbst mißhandelt worden sind. Diese Worte sind vielmehr an ein Volk gerichtet, dem sich Gott persönlich offenbarte. Das Gebot bezieht sich auf die abscheuliche Tat, in Gottes sichtbarer Anwesenheit einen leblosen Gegenstand als Gott zu verehren.

3. Weiterhin nennt Gott die, die dieses Gebot übertreten, Menschen, „die mich hassen". Durch diesen starken Begriff wird der gemeinte Personenkreis noch weiter eingeschränkt.

4. Von „Verfluchen" ist in dem Vers keine Rede. Es erscheint lediglich das Wort „heimsuchen" – bestrafen.

5. Neun der Zehn Gebote (das Sabbat-Gebot ist die einzige Ausnahme) werden im Neuen Testament wiederholt. Das macht sie für uns genauso bindend, wie sie es für das Volk Israel waren. Eine wichtige Abänderung wurde jedoch vorgenommen. *Das neutestamentliche Gegenstück des Götzendienst-Gebotes sagt nichts über das Bestrafen der Nachkommen aus.*

Einfluß über vier Generationen hinweg

Was meinte Gott aber, als er sagte, er bestrafe Kinder für den Götzendienst ihrer Eltern? – Dazu zweierlei:

1. In sehr seltenen Ausnahmefällen hat Gott tatsächlich ganze Familien bestraft, als sich die Eltern gegen den geoffenbarten Willen Gottes auflehnten. In solchen Fällen schadete ihre offene Auflehnung dem Ansehen des ganzen Volkes. Achans Familie zum Beispiel litt unter seiner Auflehnung gegen Gott, an der er festhielt. Wenn man Josua 7 aufmerksam liest, stellt man fest, daß Gott Achan jede nur denkbare Möglichkeit gegeben hat, hervorzukommen und seine Tat zu gestehen. Achan aber schwieg und starb als verlogener Heuchler.

2. Eine andere Bedeutung trifft die Sache eher. Der Vers zeigt, wie stark der Einfluß der Eltern auf ihre Kinder ist – sogar bis in die vierte Generation. Wenn ein Jude sein Herz einem Gebilde aus Stein oder Holz verschrieb und damit auch Gott haßte, konnten die Auswirkungen davon auf seine Nachkommen bis zur vierten Generation katastrophal sein. Warum aber gerade vier Generationen? Dies ist mir klar geworden, als ich einmal meine Großmutter besuchte. Sie, meine Mutter, ich und mein Sohn saßen in ihrem Wohnzimmer. Vier Generationen. Es dämmerte mir, daß die Werte meiner Großmutter einen bemerkenswerten Einfluß auch auf die meiner Kinder haben, da ihre Herzen so leicht zu beeindrucken sind.

Die Ketten sprengen

Unsere Kinder müssen nicht wie in dem besonderen Fall Achans automatisch bestraft werden. *Die Ketten unserer eigenen Verbitterung können jederzeit gesprengt werden!* Für Gott ist es nie zu spät, mit der Arbeit anzufangen. Die Bibel ist voll von ermutigenden Beispielen. Sie bestätigt uns, daß es tatsächlich immer Hoffnung gibt! Das beste Beispiel hierfür findet sich an einem unwahrscheinlichen Platz: im 2. Chronik-Buch.

Nimm zum Beispiel Kapitel 12. Rehabeam „fragte nicht mehr nach dem Gesetz des Herrn und sein ganzes Volk auch nicht" (Vers 1). Verfluchte Gott Rehabeam und seine nachfolgenden Söhne? Wohl kaum. Das geschieht nicht automatisch. Gottlose Väter müssen nicht unbedingt gottlose Söhne zeugen. „Als Rehabeam starb, wurde er in der Davidsstadt begraben. Sein Sohn Abija wurde sein Nachfolger" (Vers 16).

In 1. Könige 15,1-8 wird deutlich, daß Abija sich genau wie sein Vater gegen Gott wandte. Er starb, und Asa, sein Sohn, wurde König. Sollte Asa wirklich von der Kette der Vergehen seiner Vorfahren gefesselt sein? Nein – diese Kette wird zerrissen!

„Asa tat, was gut und recht war und dem Herrn, seinem Gott, gefiel. Er ließ die Altäre und Opferstätten der fremden Götter zerstören, die geweihten Steinmale in Stücke schlagen und die geweihten Pfähle umhauen. Er forderte das Volk von Juda auf, dem Herrn, dem Gott ihrer Vorfahren, zu gehorchen und sein Gesetz und alle seine Gebote zu befolgen. Auch in den anderen Städten Judas beseitigte er die Opferstätten der fremden Götter und die Räucheraltäre. In diesen Jahren hatte das Land Frieden" (2. Chronik 14,1-4). Die Kette ist wirklich zerrissen worden!

Joschafat begann gut, aber am Ende fiel er tief. Er duldete neue Opferstätten und versagte als Führer, so daß das Volk „sich noch immer nicht ausschließlich an den Gott seiner Vorfahren hielt" (20,33). Somit begann eine andere Kette sich um Juda zu ziehen.

Joram, sein Sohn, bestieg nach ihm den Thron und begann seine Amtszeit mit der Hinrichtung seines Bruders sowie aller anderen politischen Gegner. Mit Blut an den Händen stürzte er Juda in solchen geistlichen Abfall, daß niemand seinen Tod bedauerte (vgl. 21,20).

Das nächste Glied der Kette wurde von Jorams Sohn, Ahasja, hinzugefügt. „Er tat, was dem Herrn mißfiel" (22,4). Er kam aus einer solch verdorbenen Familie, daß seine Mutter nach seinem Tod die gesamte königliche Familie umbrachte, um die Macht für sich allein zu behalten.

Joasch, der Sohn Ahasjas (22,11), der auf wundersame Weise dem Mord durch seine Großmutter entkam, nahm sich vor, „den Tempel des Herrn zu renovieren" (24,4). Er nahm die Kette und riß sie entzwei!

Verstehst du das Bild? Diese wahrlich groben Vergehen der Eltern haben nicht automatisch den Abfall vom Glauben bei den Kindern bewirkt.

Stan mußte nicht automatisch, nur weil er abgelehnt und mißhandelt worden war, das gleiche seinen Kindern antun. Und seine Kinder müssen nicht automatisch die ihren mißhandeln. Ebensowenig liegt Gottes Fluch auf Jim, obwohl er vom Gegenteil überzeugt ist. Genausowenig stehst du unter einem Fluch!

Wenn du zugelassen hast, daß in einer gestörten Beziehung die Verbitterung das Fundament deines Lebens wegfressen konnte, und du nun fürchtest, deine Kinder dadurch verdammt zu haben, dann laß dir gesagt sein, daß diese Kette gesprengt werden kann!

Die Kette zerreißen, bevor sie dich zerreißt

Ich denke, daß in gewissem Sinne jeder geistliche Dienst Ketten entzweireißt. Die Höhepunkte meines Dienstes erlebte ich, als ich die Fesseln bei Leuten löste, die aus entsetzlichen Situationen kamen und nachher gesund weiterlebten.

Tammys Vater war am Alkoholmißbrauch gestorben. Ihre Mutter heiratete dann wieder und ließ sich mehrmals scheiden. Tammy und ihre Geschwister mußten das alles mit durchmachen. Ihre Familie war ständig unterwegs, und Tammy wuchs in Armut auf. Alles schien so, als ob aus ihrem Leben nichts mehr werden könne. Dann trat Gott jedoch in ihr Leben. Sie lernte einen Christen kennen und heiratete ihn schließlich. Ihre Familie gedeiht inzwischen prächtig, während sie und ihr Mann versuchen, ihre Kinder „nach den Maßstäben, die der Herr gesetzt hat" (Epheser 6,4) zu erziehen. Gott sei Dank, daß ihre Geschichte kein Einzelfall ist.

Nachdem ich mich nun schon über 20 Jahre in die Jugend- und Familienarbeit einbringe, kann ich mittlerweile konkrete Schritte nennen, die nötig sind, um die Ketten der Konflikte zu zerbrechen, die wir „Glied für Glied" in unserem Leben geschmiedet haben. Wir sollten ...

1. ... offen und ehrlich unseren Kindern unseren früheren und jetzigen Schmerz mitteilen

Sie möchten gern wissen, welche Erfahrungen uns zu der Person gemacht haben, die wir jetzt sind. Diese Offenheit wird das Vertrauen zu unseren Kindern fördern. Sie können dann unsere Handlungen besser verstehen, egal ob sie richtig oder verkehrt sind. Dieses Verständnis schützt ihr Herz vor Verbitterung, sollten wir sie einmal unpassend oder verletzend behandeln. Außerdem ermöglichen wir unseren Kindern dadurch, uns auch ihre Verletzungen mitzuteilen. Offenheit zieht immer Offenheit nach sich.

Dieses Vorgehen hat wahre Wunder in meiner Familie bewirkt. Meine Kinder kennen mich wirklich. Nichts wird bei uns geheimgehalten. Sie verstehen, warum ich die verrückten Dinge tue, die ich tue. Sollte ich einen Fehler machen, ist eine große Vergebungsbereitschaft vorhanden. Außerdem haben sie meine Bemühungen schätzengelernt, ihre Kindheit anders zu gestalten als meine.

2. ... unseren Kindern nie unpassende Einzelheiten über unsere eigene Vergangenheit mitteilen

Wenn wir zum Beispiel als Kinder mißhandelt wurden, sollten wir davon nur allgemein sprechen. Unsere Kinder sollten nichts über schäbige, anstößige Einzelheiten aus unserem Leben erfahren. Wir liefen damit Gefahr, sie zu vergiften.

3. ... unseren Kindern bestätigen, daß wir denen, die uns verletzt haben, vergeben haben und sie lieben

Als mein Vater noch lebte, habe ich sie immer wieder daran erinnert, daß wir Großvater liebten und uns nichts mehr wünschten, als ihm zu helfen – besonders dabei, den Weg zu Jesus zu finden. Unsere Kinder konnten spüren, daß ich meinem Vater vergeben hatte und ich ihn jetzt lieben konnte. Hätte ich ihnen jedoch immer wieder erzählt, wie schlimm mich mein Vater verletzt hatte – sie hätten ihn wohl kaum liebhaben können und hätten zu ihrem eigenen Schaden Verbitterung gegen ihn empfunden.

4. ... der Versuchung widerstehen, unsere Verletzungen als Entschuldigung für unsere jetzigen Handlungen zu gebrauchen

Unsere Vergangenheit sollte unser Verhalten immer nur erklären, aber niemals entschuldigen. Wenn wir unsere Kinder falsch behandelt haben, sollten wir es auch zugeben und sie umgehend um Verzeihung bitten. Diese Bitte muß von einer inneren Haltung begleitet werden, die die Bibel als „Schmerz, wie Gott ihn haben will" (2. Korinther 7,10) bezeichnet. Wir sollten es nicht riskieren, die Schuld auf jemand anderen zu schieben, jemand anderen für unser Verhalten verantwortlich zu machen. Jede Handlung und jede Haltung fußt – was auch immer wir in der Vergangenheit erlebt haben – auf unseren eigenen Entscheidungen. Deswegen haben wir die Pflicht und die Verantwortung, unsere Fehler wiedergutzumachen, besonders dann, wenn wir unsere Kinder verletzt haben.

5. ... unseren Kindern die Lehren weitervermitteln, die wir aus unseren Erfahrungen gezogen haben

Kannst du dir vorstellen, welche Auswirkungen diese Weitervermittlung haben kann? Unsere Kinder werden dazu erzogen, ganz selbstverständlich ihr Denken auf die Vorraussetzung zu gründen, auf der dieses ganze Buch beruht: „Ihr hattet Böses mit mir vor, aber er hat es zum Guten gewendet; denn er wollte auf diese Weise vielen Menschen das Leben retten. Das war sein Plan, und so ist es

geschehen" (1. Mose 50,20). In einer Welt, in der es so viel Ungerechtigkeit, Unfairneß und Leiden gibt, tun wir gut daran, unseren
Kindern den Zusammenhang zwischen ihrem Schmerz und Gottes
Plan zu zeigen. Gott kann unsere Vergangenheit benutzen, um
unseren Kindern Hoffnung zu geben!

*6. ... die Erinnerung an unsere Verletzungen dazu benutzen, uns
die Verletzungen anderer und besonders die unserer Kinder ins
Bewußtsein zu rufen*

Manchmal läßt Gott es zu, daß wir uns an unseren Schmerz erinnern, um uns davor zu bewahren, daß wir gefühllos, kühl und
unsensibel mit den Nöten anderer umgehen. 2. Korinther 11,23-27
läßt keinen Zweifel daran, daß Paulus gnadenlos unter schlechten
Menschen leiden mußte. Er hat das nicht vergessen. Aber anstatt
im Selbstmitleid zu versinken, hat er die mißlichen Umstände für
einen wirkungsvollen Dienst an anderen gebraucht. Im ersten
Kapitel desselben Briefes spricht Paulus von Gott als dem „Vater
der Barmherzigkeit und Gott allen Trostes, der uns tröstet in aller
unserer Trübsal, *damit auch wir trösten können, die in allerlei
Trübsal sind,* mit dem Trost, mit dem wir selber getröstet werden
von Gott" (1,3.4, Luther).

*7. ... die Vertrautheit zu Jesus wachsen lassen, je mehr wir
erkennen, wie sehr er für uns gelitten hat*

Jesus „war der Allerverachtetste und Unwerteste, voller Schmerzen und Krankheit" (Jesaja 53,3, Luther). Er weiß genau, was wir
erleiden müssen. Als Mensch hat er jede nur denkbare Demütigung
erlitten. Er kennt Schmerz. Wir können seiner Einladung in
Hebräer 4,15.16 folgen: „Er gehört nicht zu denen, die kein Verständnis für unsere Schwächen haben. Im Gegenteil, unser Oberster Priester wurde genau wie wir auf die Probe gestellt, und blieb
doch ohne Sünde. Darum wollen wir mit Zuversicht vor den Thron
treten, auf dem die Gnade regiert. Dort werden wir immer, wenn
wir Hilfe brauchen, Liebe und Erbarmen finden."
  Je mehr wir erleiden, desto inniger wird unsere Beziehung zu ihm

– natürlich vorausgesetzt, wir lassen dies zu. Unser Ringen mit dem Schmerz treibt uns näher zu Jesus. In dieser Haltung erleben wir seine Nähe intensiver, als wir es je für möglich gehalten hätten.

Gehe einen Schritt nach dem anderen

Stans Frau hat mich neulich angerufen. Vielleicht sollte ich besser „Ex-Frau" sagen? Die Stimme dieser einst strahlenden Frau klang völlig leer. Sie hatte aufgegeben.

Und was jetzt? Was geschieht mit der Familie, die so vielversprechend begonnen hat, um dann so bemitleidenswert zu enden? Was ist mit den Kindern? Welche Erblast bringen sie später mit in ihre Familien? Und das Baby von Stans Tochter? Welche Hoffnung gibt es dafür? Hat ihr unschuldiges, noch ungeborenes Kind nicht einen besseren Start verdient? Ist es wirklich schon zu spät für jegliche Heilung? Als ich auflegte, standen mir Tränen in den Augen und ein dicker Kloß steckte mir im Hals. Ich brachte nur drei leise Worte heraus, die aber treffend das Durcheinander meiner Gefühle ausdrückten: „Und was jetzt?"

Zum jetzigen Zeitpunkt weiß ich noch nicht, wie es in dieser Familie weitergehen wird. Ich weiß nur eines, und ich würde es am liebsten von jedem Dach der Stadt herunterschreien: *„Es ist nicht zu spät!"* Ich kann und werde es nicht glauben, daß es jemals für Gott zu spät sein kann, um einzugreifen und eine Situation zu heilen.

Mir ist bewußt, daß Verletzungen tief gehen und daß sie oft nur quälend langsam verheilen. Genauso weiß ich auch, daß Erinnerungen vom Feuer der Bitterkeit versengt sein können und daß einmal zerstörtes Vertrauen unendlich viel Zeit benötigt, um wieder aufgebaut zu werden. Vertrauen *kann* aber wiederhergestellt werden! Man *kann* wieder anfangen, miteinander zu reden! Herzen *können* wieder heilen! Ich habe es erlebt und bin der lebende Beweis dafür. Für Gott ist es nie zu spät, ein bereitwilliges Herz zu verändern oder, wenn es sein muß, ein unwilliges willig zu machen. Nie. Wenn Gott die Beziehung zu meinem Vater heilen konnte, dann kann er das mit jeder anderen auch – auch mit deiner.

Doch wo soll man beginnen? Was könnte ich Stans Frau entgegnen, falls sie mich anruft und fragt: „Und was jetzt?" Bitte denke du hierüber einmal nach. Wenn du nicht weißt, was du tun solltest, dann tue das, was deiner Überzeugung nach richtig ist. Mit diesem Buch hältst du schon einen Leitfaden in den Händen. Natürlich ist jede Situation anders. Meine wird sicherlich nicht Punkt für Punkt mit deiner übereinstimmen. Wir sind zwei verschiedene Menschen mit zwei unterschiedlichen Vorgeschichten. Aber es sind mit Sicherheit Berührungspunkte vorhanden. Nimm den Kopf hoch, atme tief durch und fange an, die hier aufgezählten Schritte zu gehen, einen nach dem anderen. Jeder Schritt sollte von viel Gebet begleitet werden. Nimm Gottes Verheißung in Anspruch, die er dir gegeben hat:

„Laß den Herrn die Quelle deiner Freude sein: er wird dir jeden Wunsch erfüllen. Leg dein Schicksal in Gottes Hand; verlaß dich auf ihn, er macht es richtig! Deine Treue zu ihm macht er sichtbar wie ein Licht, und dein Recht läßt er strahlen wie die Mittagssonne. Werde ruhig vor dem Herrn, erwarte gelassen sein Tun!" (Psalm 37,4-7).

Wie sieht es mit dir aus?

1. Wolltest du schon einmal aufgeben? Wenn ja, warum?

2. Hast du dich schon einmal gefragt, ob auf dir oder deiner Familie ein Fluch Gottes liegt? Wenn ja, warum meinst du das? Wovon bist du jetzt überzeugt, nachdem du dieses Kapitel gelesen hast?

3. Wissen deine Kinder über deine Verletzungen von damals und heute Bescheid? Wie haben sie reagiert? Oder hast du es ihnen noch nicht gesagt? Warum nicht?

4. Hast du deinen Kindern vermittelt, daß du denen, die dich verletzt haben, vollständig vergeben hast? Haben sie deinen Ärger übernommen? Was wirst du tun, um sie von ihrer Bitterkeit gegenüber diesem Menschen zu befreien?

5. Hast du deine schmerzhafte Vergangenheit als Entschuldigung für dein jetziges Handeln gebraucht? Wenn ja: Gibt es jeman-

den, den du um Vergebung bitten solltest für die Verletzungen, die du diesem Menschen zugefügt hast?

6. Was hast du aus dem Schmerz gelernt? Wie möchtest du das deinen Kindern beibringen?

7. Vergiß nicht: Gott erwartet nur von uns, daß wir unser Bestes versuchen. Sage ihm im Gebet, daß du wirklich dein Bestes geben willst. Bitte ihn um Führung und Stärkung auf dem Weg. Vertraue darauf, daß er dein Gebet erhören wird. Er wird dir seine unendliche Gnade und Barmherzigkeit zukommen lassen, die wir so dringend benötigen (Hebräer 4,15.16; 1. Johannes 5,14.15).

Kapitel 8
Neue Einsichten gewinnen

„Sie hörten mit großer Aufmerksamkeit zu und lasen jeden Tag in den heiligen Schriften nach, ob das, was Paulus sagte, auch zutraf.“ (Apostelgeschichte 17,11)

Wenn ich ein Thema gründlich behandele, kommen mir dabei mehr Fragen, als ich beantworten kann. Das trifft auch auf das Thema Verbitterung zu.

Hast du dir beim Lesen dieses Buches gewünscht, mir persönlich ein paar Fragen stellen zu können?

Es wäre natürlich ideal, mit dir ein Gespräch unter vier Augen zu führen. Da das jedoch nicht möglich ist, sollen jetzt einige immer wieder gestellte Fragen und Antworten folgen.

Frage: Wird mein Schmerz einmal ganz verschwinden?

Antwort: Wahrscheinlich nicht. Offen gesagt, weiß ich gar nicht, ob das überhaupt gut wäre. Verstehe das nicht falsch. Niemand leidet gern. Wir alle wünschen uns, daß wir eines Morgens aufwachten und erleichtert feststellten, daß sich alle Gefühlsnarben in Luft aufgelöst haben. Leider ist solches Wunschdenken nicht realistisch.

Im Gegenteil, Schmerz ist etwas Kostbares. Ohne ihn würden wir zu kalten und unsensiblen Menschen. Der Schmerz ist unsere Triebfeder, um verletzten Menschen zu helfen, sie zu ermutigen und sie zu begleiten.

Statt Gott zu bitten, den Schmerz fortzunehmen, bete lieber dafür, daß 2. Korinther 1,3.4 (Luther) in deinem Leben wahr wird: „Gelobt sei Gott, der Vater unseres Herrn Jesus Christus, der Vater der Barmherzigkeit und Gott allen Trostes, der uns tröstet in aller unserer Trübsal, damit wir auch trösten können, die in allerlei Trübsal sind, mit dem Trost, mit dem wir selber getröstet werden von Gott.“

Frage: Kann man von mir erwarten, daß ich diesem Menschen wieder vertraue nach allem, was er mir angetan hat?

Antwort: Ist dir aufgefallen, als du in Kapitel 3 gelesen hast, was Vergebung alles bedeutet, daß ich das Wort „Vertrauen" nicht miteinbezogen habe? Vertrauen und Vergebung sind nicht gleichbedeutend. Sie überschneiden sich nicht.

Vergebung ermöglicht uns, die positiven Seiten der schmerzlichen Situationen aus Gottes Sicht zu sehen, und sie motiviert uns, dem anderen Gutes zu tun. Sie fordert aber nicht, daß wir diesem Menschen vertrauen.

Vertrauen muß verdient werden. Wenn jemand unser Vertrauen mißbraucht und zerstört hat, fordert Vergebung lediglich, daß wir ihm reichlich Gelegenheit bieten, unser Vertrauen zurückzugewinnen.

Frage: Du hast erwähnt, daß ich genau wie jener werden könnte, den ich hasse, wenn ich ihm nicht vergebe. Es erscheinen bei mir schon die ersten Übereinstimmungen mit dem Verhalten des anderen. Gibt es noch Hoffnung? Kann dieser Prozeß wieder rückgängig gemacht werden?

Antwort: Ich habe eine erfreuliche Nachricht für dich: Von dem Augenblick an, in dem du vergibst, wird sich der Prozeß umkehren.

Erinnerst du dich noch an Sprüche 4,23 in Kapitel 2? Negatives Denken führt zu schlechtem Verhalten. Die Umkehrung hiervon trifft aber auch zu. Vergebung verändert auch deine Gedanken über die Menschen, die du früher einmal haßtest. Und somit ändert sich auch dein Verhalten. In Römer 12,2 wird diese Hoffnung treffend ausgedrückt: „Laßt euch ... im Innersten von Gott umwandeln. Laßt euch eine neue Gesinnung schenken."

Denke aber daran: der Umwandlungsprozeß braucht Zeit. Deine Verhaltensmuster haben sich wahrscheinlich im Laufe von Jahren gebildet. Man kann nun realistischerweise nicht erwarten, daß sie über Nacht verschwinden.

Frage: Behandelst du deine Kinder noch immer so, wie dein Vater dich behandelt hat?

Antwort: Ich würde viel darum geben, ehrlich nein sagen zu können – nur kann ich es nicht. Ich merke, daß ich mich gelegentlich denen gegenüber, die mir am nächsten stehen, so verhalte, wie sich auch mein Vater meiner Mutter, meinen Schwestern und mir gegenüber benommen hat. Manchmal kommt es mir vor, als erlitte ich einen Rückfall. Das Sprichwort „Wie der Vater, so der Sohn" kann eben eine positive und eine negative Bedeutung haben.

Gottes Aussage in 2. Korinther 12,9: „Je schwächer du bist, desto stärker erweist sich an dir meine Macht" beruhigt mich, wenn ich tatsächlich einen Fehler mache. Gottes Kraft in meinem Leben kann von meiner Familie an drei Stellen gesehen werden: 1. Meine Frau und meine Kinder können meine Traurigkeit sehen, wenn ich mit meinem Fehlverhalten aufhöre und um Vergebung bitte. 2. Sie werden an die schlimmen Folgen der Verbitterung erinnert, wenn sie sie in meinem Leben sehen. 3. Sie können mein geistliches Wachstum daran messen, wie groß die Abstände zwischen meinen Ausbrüchen werden.

Frage: Und was ist, wenn ich jenem Menschen gegenüber keine Liebe empfinde?

Antwort: Vergebung verlangt nicht, daß du irgend etwas für diesen Menschen empfindest. Die von uns in der Bibel geforderte Liebe sollte dem Willen und nicht unbedingt dem Gefühl entspringen.

Der Apostel Johannes sagt uns, *wie* wir lieben sollen: „Wenn Gott uns so sehr geliebt hat, dann müssen auch wir einander lieben" (1. Johannes 4,11). Wie hat uns Gott geliebt? „Gottes Liebe zu uns hat sich darin gezeigt, daß er seinen einzigen Sohn in die Welt sandte. Durch ihn wollte er uns das neue Leben schenken" (Vers 9). Gott hat uns also seine Liebe gezeigt, indem er hingebungsvoll unserer größten Not begegnet ist. Folglich werden wir dazu aufgefordert, uns hingebungsvoll der Not der anderen zuzuwenden.

Wir finden uns auch in Römer 12,19.20 wieder: „Verschafft euch nicht selbst euer Recht, liebe Freunde ... Handelt nach dem Wort in den heiligen Schriften: ‚Wenn dein Feind hungrig ist, dann gib ihm zu essen, und wenn er Durst hat, gib ihm zu trinken.'" Es ist keine Rede von Gefühlen. Tue, was richtig ist, ohne dich von deinen Gefühlen davon abhalten zu lassen.

Frage: Wie kann ich eine Beziehung wiederherstellen, wenn ich noch nicht einmal weiß, wo der andere derzeit lebt? Vielleicht ist er gar nicht mehr im Land.

Antwort: Du kannst dich ungeachtet der Entfernung dazu entschließen, jemandem zu vergeben. Laß dich nicht von der Entfernung abhalten, die in Kapitel 4 beschriebenen Schritte zu gehen.

Wenn du die Beziehung wieder heilen möchtest, rate ich dir zu folgendem: 1. Lies noch einmal Matthäus 5,23.24. Hat diese Person irgend etwas gegen dich? 2. Wenn das so ist, solltest du wie ich in Kapitel 6 dieses Buches darüber nachdenken, was du getan hast. Wie bätest du diesen Menschen um Vergebung, wenn du wieder mit ihm zusammenträfest? Sage dir die Worte in Gedanken. 3. Ich glaube, daß eine der grundlegenden Antriebskräfte des christlichen Lebens aus einer Haltung entspringt, wie sie in Daniel 1,8 genannt wird: „Daniel war fest entschlossen ..." Du mußt eine Entscheidung fällen. Versprich Gott: Solltet ihr euch wiedersehen, dann gehe auf den anderen zu, um die Beziehung wiederherzustellen.

Frage: Was soll ich machen, wenn ich jemandem vergeben habe, er sich aber weigert, mir zu vergeben?

Antwort: Dann bleibt dir nichts anderes übrig, als zu warten. Du bist nur für das verantwortlich, was du tust, und nicht dafür, was jemand anders nicht tut. Denke an Römer 12,18: „Soweit es an euch liegt, tut alles, um mit jedermann in Frieden zu leben."

Ich kann dafür garantieren, daß dieser Mensch schwere Zeiten durchmachen muß, so wie es bei dir und mir auch geschehen ist. Während du wartest, solltest du die Tür zu ihm aber nicht verschließen. Laß ihn wissen, daß du immer für ihn da bist, wenn er dich braucht. Sieh diese Prüfungen als Gelegenheit an, ihm bedingungslose und aufopfernde Liebe zu erweisen.

Frage: Auf der Beerdigung deines Vaters warst du dankbar dafür, daß eure Beziehung geheilt wurde, ehe es zu spät war. Bei mir ist es so, daß jener Mensch bereits gestorben ist, bevor ich die Dinge wieder in Ordnung bringen konnte. Für mich ist es jetzt zu spät. Was soll ich nun machen?

Antwort: In Wirklichkeit ist es nicht zu spät – zumindest nicht dafür, dem anderen innerlich zu vergeben. Auch kannst du dir noch immer vor Augen führen, welche auch positiven Folgen sein Handeln hatte. Es ist auch nicht zu spät dafür, anderen weiterzugeben, was du gelernt hast. Gott kann auch jetzt seine Stärke in deiner Schwachheit sichtbar werden lassen. Noch ist es möglich, den Prozeß umzukehren, der dich langsam in das Ebenbild dieses Menschen verwandelt. Und du kannst außerdem für die Leute da sein, die auch von dem Verhalten dieses Menschen betroffen waren.

Frage: Was soll ich tun, wenn ich das Problem mit meinem Vater bereinigen möchte, meine Mutter mir aber verbietet, Kontakt mit ihm aufzunehmen?

Antwort: Achte die Wünsche deiner Mutter und bete dafür, daß Gott sie verändert. Der Leitgedanke hierzu findet sich in Sprüche 21,1: „Durch Gräben lenkt man das Wasser, wohin man will. So lenkt Gott das Herz eines Herrschers ..." ... und auch das deiner Mutter, können wir hinzufügen!

Hiermit meine ich nicht, daß ich die Entscheidung deiner Mutter gutheiße. Aber ich verstehe ihre Gefühle, die hinter dieser Sorge stecken. Offensichtlich hat dein Vater sie tief verletzt. Es brächte lediglich alte, schmerzhafte Erinnerungen in ihr hoch, wenn sie dir erlaubte, die Beziehung zu deinem Vater wiederherzustellen. Sie braucht Zeit, um mit ihrer eigenen Verbitterung fertigzuwerden. Gestehe sie ihr zu.

Deswegen möchte ich dich ermutigen, folgendes zu tun: 1. Versichere deiner Mutter, das du nichts gegen ihren Willen unternimmst. 2. Überlege, was du tun wirst, um deinem Vater näherzukommen, wenn oder falls sie dir dazu grünes Licht gibt. 3. Nimm den Widerstand deiner Mutter als Hinweis auf die Bedürfnisse in ihrem Leben, denen du nun begegnen kannst. 4. Bitte Gott, deine Mutter zu gebrauchen, die richtige Zeit für die Kontaktaufnahme zu bestimmen.

Frage: Nachdem ich alle angeführten Schritte gemacht habe, fühle ich mich noch immer nicht anders. Stimmt irgend etwas nicht mit mir?

Antwort: In bezug auf Verbitterung werde ich weitaus öfter auf Gefühle angesprochen als bei jedem anderen Thema. Unsere Gefühle sind hier zweitrangig. Es braucht Zeit, bis sie geheilt sind.

Bedenke noch einmal die Gebote der Bibel. Du wirst entdecken, daß sie nie an Gefühle gebunden sind. Die Bibel sagt nicht: „Ihr Kinder, wenn euch danach zumute ist, gehorcht euren Eltern." Oder: „Wenn euch danach ist, ihr Väter, reizt eure Kinder nicht zum Zorn." Die Bibel macht weder unseren Gehorsam von unseren Gefühlen abhängig noch garantiert sie uns, daß wir aufgrund von Gehorsam bestimmte Gefühle bekommen.

Unsere Gefühle können sich ändern wie der Wind und man kann ihnen nicht immer trauen. Deshalb schrieb Jeremia: „Nichts ist so abgründig wie das menschliche Herz. Voll Unheil ist es; wer kann es durchschauen?" (Jeremia 17,9) Obschon wir unser Herz nicht verstehen können, sind die Gebote der Bibel gut zu verstehen. So können wir uns dazu entschließen, das zu tun, wovon wir wissen, daß es richtig ist – ob uns danach zumute ist oder nicht.

Frage: Lange Zeit war ich jemandem gegenüber verbittert. Genügt es, Gott um Vergebung für meinen Groll zu bitten, nachdem ich ihm vergeben habe? Muß ich diesen Menschen auch um Verzeihung bitten oder sogar meinen Eltern, meinem Pastor, der ganzen Gemeinde meine Verbitterung gestehen?

Antwort: Der, den du verletzt hast, ist der einzige, den du um Vergebung bitten mußt. Wenn deine Eltern und dein Pastor nicht daran beteiligt sind, brauchst du ihnen auch nichts zu sagen. Wenn der Betreffende keine Ahnung von deinem Haß hat, brauchst du es ihm auch nicht zu erzählen.

Hin und wieder tritt jemand an mich heran und sagt: „Dewey, du weißt, daß ich mich jahrelang sehr über dich geärgert habe. Jetzt weiß ich, daß ich im Unrecht war. Vergibst du mir, daß ich dich so sehr gehaßt habe?" Um ehrlich zu sein – davon hätte ich lieber nie etwas erfahren!

Meistens bemerkt man unseren Haß jemandem gegenüber sehr schnell. Deswegen mußt du meistens so auf den anderen zugehen, wie ich zu meinem Vater gegangen bin.

Frage: Du hast frei und offen von deinen schmerzvollen Erfahrungen berichtet. Ich bin jedoch sexuell mißbraucht worden und möchte niemand davon erzählen. Ist es falsch, daß ich mich deswegen schäme?

Antwort: Auf gar keinen Fall! Ich schäme mich dafür, wie ich mich all die Jahre meinem Vater gegenüber verhalten habe.

Glaub mir, ich bin wahrlich nicht stolz darauf, daß ich Gott gebeten habe, meinen Vater umzubringen. Es macht mir auch kein Vergnügen, anderen den Haß zu zeigen, der früher einmal in mir war. Meine Geschichte gebrauche ich nur, um Menschen, die an Verletzungen leiden, zu ermutigen und zu beraten.

Du mußt dich nicht auf eine Bühne stellen und jedes schmutzige Detail deiner schmerzhaften Vergangenheit breittreten. Bitte Gott statt dessen, daß du Menschen triffst, die ähnliches wie du erlitten haben. Mache ihnen begreiflich, daß du sie verstehst, weil du etwas Ähnliches erlebt hast. Berichte ihnen von deinen Kämpfen und Erfolgen. Weise dabei immer auf den „Gott allen Trostes" hin, der sie genauso trösten möchte, wie er dich getröstet hat.

Frage: Ich habe anderen bereits vergeben, kann mir selbst aber nicht vergeben. Wegen einiger Dinge, die ich getan habe, fühle ich mich schuldig. Ist das normal? Was kann ich dagegen tun?

Antwort: Die Bibel bezeichnet den Satan als den „Ankläger unserer Brüder" (Offenbarung 12,10). Er steht vor Gott und oft auch vor uns, um uns unsere Fehler vorzuhalten. Obwohl Gott uns gereinigt und erlöst hat, sollen wir uns dadurch schmutzig und schäbig vorkommen.

Römer 8,33.34 sollte allen Schuldgefühlen im Leben eines Gläubigen ein Ende machen. Paulus schreibt: „Niemand kann die Menschen anklagen, die Gott erwählt hat. Denn Gott selbst spricht sie frei. Niemand kann sie verurteilen. Jesus Christus ist ja für sie gestorben. Mehr noch: er ist vom Tod erweckt worden. Er sitzt an Gottes rechter Seite und tritt für uns ein."

Frage: Was meinte Jesus mit dieser Bitte im Unser Vater: „Vergib uns unsere Schuld, wie auch wir vergeben unsern Schuldigern"? (Matthäus 6,12) Bedeutet das, daß Gott mir nicht vergibt, wenn ich einem anderen nicht vergebe? Komme ich nach dem Tod in die Verdammnis, wenn Gott mir nicht vergibt?

Antwort: Matthäus 6,12 bezieht sich nicht auf die Errettung oder unser ewiges Schicksal. Die Bibel spricht von zweierlei Vergebung:

1. Vergebung, die das letzte Gericht betrifft: Diese Art bezieht sich auf Gott als den Richter der ganzen Welt, der dir „Nicht schuldig!" zuspricht, sobald du Jesus Christus als deinen Erlöser annimmst. Diese einmalige Aussage betrifft dein Leben als ganzes, einschließlich jeder Sünde (in der Vergangenheit, Gegenwart, Zukunft) und sichert dir für immer deine Errettung.

2. Vergebung, die Beziehungen betrifft: Jesus stand diese Vergebung vor Augen, als er seine Jünger in Matthäus 6 das Unser Vater lehrte. Während deine Beziehung zu Gott sicher ist, kann Auflehnung jedoch eine Barriere zwischen dich und ihn schieben (Psalm 66,18) und eure Beziehung zeitweise belasten.

Eine Art der Auflehnung ist, nicht zu vergeben. Der Apostel Johannes sagt dazu: „Wenn einer behauptet: ,Ich liebe Gott' und dabei seinen Bruder haßt, dann lügt er. Wenn er seinen Bruder, den er sieht, nicht liebt, dann kann er Gott, den er nicht sieht, erst recht nicht lieben" (1. Johannes 4,20). Deine Bereitschaft zur Vergebung wird diese Mauer zwischen euch einreißen, und die Vertrautheit mit Gott wird wieder hergestellt.

Frage: Ich habe ehrlich nach positiven Folgen gesucht, die aus dem entstanden sind, was mir widerfahren ist; ich habe aber keine gefunden. Was soll ich jetzt machen?

Antwort: Das letzte Kapitel deines Lebens ist noch nicht geschrieben. Im Laufe der Zeit werden sich vielleicht einige oder alle Gründe zeigen, weshalb Gott dein Leid zugelassen hat.

Ganz ehrlich, ich glaube auch nicht, daß es Hiob möglich gewesen wäre, positive Folgen seines Leidens zu nennen. Er wußte nicht, was hinter den Kulissen vor sich gegangen war, ahnte nichts von der Abmachung zwischen Gott und Satan. Wie hätte er vorausahnen sollen, daß er einmal das Symbol für „standhaften Glauben inmitten einer Katastrophe" für spätere Generationen würde? Eines der größten Geheimnisse ist: Wie konnte Hiob so mit seinem

Leiden umgehen, obwohl er das Buch Hiob nicht zur Ermutigung hatte?

Wie dem auch sei, du weißt, daß 1. Gottes Stärke durch deine Schwachheit sichtbar wird (2. Korinther 12,7ff) und daß 2. du andere Leidende wesentlich besser trösten kannst (2. Korinther 1,3ff). 3. Gott wirkt in deinem Leben, um aus dir einen standhaften Menschen zu machen (Römer 5,3-5). 4. Die Welt wird dich immer weniger reizen und deine Erwartung der himmlischen Welt wird zunehmen (Römer 8,22-25; Kolosser 3,1-6). 5. Gott wird dir inmitten des Schmerzes näherkommen, da er ja versprochen hat, dich nicht zu verlassen noch von dir zu weichen (Hebräer 13,5).

Frage: Wie das Mädchen in Kapitel 4 wurde auch ich vergewaltigt. Die Polizei hat den Mann verhaftet, und ich habe Anklage erhoben. Ich habe ihm jetzt vergeben, was er getan hat. Soll ich die Anzeige zurückziehen? Ist es falsch von mir, gegen ihn auszusagen?

Antwort: Ziehe die Anzeige nicht zurück. Es ist auch nicht verkehrt, gegen ihn im Zeugenstand aufzutreten. Dieser Mann hat das Gesetz gebrochen. Gott gebraucht die Regierungen, um Gesetzesbrechern eine gerechte Strafe zukommen zu lassen. Römer 13,1-5 stellt das fest. Vers 4 gibt denen, die ein Verbrechen vorhaben, eine ernste Warnung: „Wenn ihr aber Unrecht tut, müßt ihr euch vor ihr [der Staatsgewalt] fürchten. Denn die Vollmacht zu strafen steht ihr rechtmäßig zu."

Du kannst nun andere unschuldige Opfer vor diesem Mann schützen, wenn du dazu beiträgst, ihn ins Gefängnis zu bringen. Deine Zeugenaussage vor Gericht ist für den Prozeß wichtig.

Frage: Warum werde ich gegenüber jemandem bitter, den ich liebe? Passiert das bloß aufgrund von Mißverständnissen, oder steckt mehr dahinter?

Antwort: Die Antwort auf diese Frage kann von deinen Erwartungen abhängen. Verbitterung einem Menschen gegenüber entsteht, wenn er unsere Erwartungen enttäuscht. Er verhält sich uns gegenüber nicht so, wie wir es uns wünschten. Kurz: er enttäuscht uns.

Meine nächste Aussage soll nicht pessimistisch, sondern nur realistisch sein: Je länger ich lebe, desto mehr rechne ich damit, daß die Menschen entsprechend ihrer Schlechtigkeit leben; ich erwarte von ihnen, daß sie mich enttäuschen. Sogar sogenannte geistliche Menschen.

Jesus sagte von seinen Jüngern: „Den guten Willen habt ihr, aber ihr seid nur schwache Menschen" (Markus 14,38). Paulus sagt von sich selbst in Römer 7,18: „Wir wissen genau: In uns selbst, so wie wir von Natur aus sind, ist nichts Gutes zu finden."

Das kann ich nachempfinden. Als ich Christ wurde, habe ich weder meine alte Natur abgelegt noch bin ich ihrem Einfluß entzogen worden. Wie oft mußte ich zusehen, wie ich genau das Gegenteil von dem tat, was ich eigentlich wollte. Und das nur, weil ich in meinem natürlichen Körper gefangen bin wie ein wunderschöner Schmetterling in einem verschrumpelten Kokon. Wie könnte ich Erwartungen an andere stellen, die noch nicht einmal ich selbst erfüllen kann?

Daß ich mein Leben aus dieser Perspektive betrachte, hat meine Einstellung tiefgreifend verändert. 1. Wenn Menschen mich verletzen, bin ich nicht überrascht, und deshalb werde ich nicht bitter. 2. Wenn ich von Menschen aber Gutes erfahre, freue ich mich sehr und danke ihnen aus tiefem Herzen dafür.

Ich rate dir, deine Erwartungshaltungen aufzugeben und zu lernen, das Leben so zu nehmen, wie es kommt, das Gute zu genießen und das Schlechte durchzustehen. Dies mag ein wenig schicksalsergeben klingen, es verhindert aber, daß wir ärgerlich, frustriert und bitter werden, wenn uns jemand enttäuscht.

Frage: Komme ich jemals über meine Verbitterung hinweg, oder muß ich lernen, mein Leben lang damit zu leben?

Antwort: Ich glaube, daß du ganz und gar über deine Verbitterung hinwegkommen kannst, auch wenn es einige Zeit dauern wird. Paulus wies die Gemeinde in Kolossä an: „Jetzt müßt ihr das alles ablegen, auch Zorn und Aufbrausen, Haß, Beleidigung und Verleumdung. Kommt miteinander aus! Tragt es keinem nach, wenn er euch Unrecht getan hat; sondern vergebt einander, wie der Herr euch vergeben hat" (Kolosser 3,8.13). Gott möchte, daß auch wir uns an dieses Gebot halten.

Es sei noch einmal gesagt, daß es eine Weile dauert. Wenn Gott dein aufrichtiges Verlangen sieht, daß du dich nach diesem Vers richten willst, dann freut er sich. Wir erregen aber sein Mißfallen, wenn wir seiner Gnade widerstehen, wenn wir willentlich einer giftigen Wurzel das Heranwachsen gestatten und dadurch viele vergiften (Hebräer 12,15).

Wie sieht es mit dir aus?

1. Gab es Übereinstimmungen zwischen deinen Fragen und den hier behandelten? Welche neue Einsichten hast du durch die Antworten bekommen?

2. Welche konkreten Schritte wirst du nun im Licht dieser neuen Erkenntnisse gehen?

3. Hast du noch Fragen, die unbeantwortet geblieben sind? Nimm sie als Ansporn, um in der Bibel die Antworten zu suchen. Nimm die folgenden Abschnitte als Ausgangspunkt: 1. Mose 37 bis 50 (die Geschichte Josephs – suche nach Parallelen zwischen seiner und deiner Situation); Matthäus 18,21-35; Römer 8,18-30; 12,9-21; Epheser 4,17-32 und Kolosser 3,1-17.

4. Kennst du jemanden, dem dieses Buch eine Hilfe sein könnte? Warum schenkst du ihm nicht ein Exemplar – als Zeichen deiner Freundschaft und Unterstützung? Erzähle ihm, in welcher Beziehung du von diesem Buch profitiert hast.

5. Ich habe dieses Buch mit dem Hinweis begonnen: „Ich habe dieses Thema auch sehr gründlich anhand der Bibel untersucht." Dahinter steckt der Grundgedanke: Die Bibel kann jeder Not begegnen.

Die Aussage des Paulus spricht mir aus dem Herzen: „Alles, was in den heiligen Schriften steht, ist von Gottes Geist eingegeben und verhilft dazu, den Willen Gottes zu erkennen, die eigene Schuld einzusehen, sich Gott wieder zuzuwenden und ein Leben zu führen, das ihm gefällt. So trägt es dazu bei, daß der Mensch, der sich Gott zur Verfügung gestellt hat, zu allem Guten fähig wird" (2. Timotheus 3,16.17).

Und was Petrus hier sagt, spricht mich auch sehr an: „Durch seine göttliche Macht hat er uns alles geschenkt, was wir für ein Gott wohlgefälliges Leben brauchen. Er hat uns berufen und gab sich uns zu erkennen in seiner Herrlichkeit und wunderwirkenden Kraft" (2. Petrus 1,3).

„Dein Wort ist Wahrheit" zitierte der Evangelist Johannes aus dem großen Gebet Jesu in Johannes 17!

David rät in Psalm 1, uns nicht „im Rat der Gottlosen" aufzuhalten, sondern über das „Gesetz des Herrn" nachzusinnen und uns daran zu erfreuen. Denn dann werden wir sein „wie ein Baum, gepflanzt an Wasserbächen, der seine Frucht bringt zu seiner Zeit, und seine Blätter verwelken nicht. Und was er macht, das gerät wohl" (Luther).

Auch für Josua war das Wort Gottes enorm wichtig: „Befolge mein Gesetz, das er dir übergeben hat, und laß nicht das geringste davon außer acht; dann wird dir alles gelingen, was du unternimmst. Lies dem Volk regelmäßig aus meinem Gesetz vor und denke selber Tag und Nacht darüber nach, damit dein ganzes Tun an meinen Weisungen ausgerichtet ist. Dann wirst du Erfolg haben und wirst alles, was du beginnst, glücklich vollenden" (Josua 1,7.8).

Zu guter Letzt noch ein Wort von Jesus: „Ich versichere euch: solange Himmel und Erde bestehen, bleibt auch der letzte i-Punkt im Gesetz stehen. Das ganze Gesetz muß erfüllt werden" (Matthäus 5,18).

Die Bibel enthält zum Thema „Kampf gegen die Verbitterung" kompetente, gültige Aussagen. Es lohnt also zu prüfen, ob du auch für andere Bereiche deines Lebens Entsprechendes entdecken kannst.

Ausklang

„Wer zu Christus gehört, ist ein neuer Mensch geworden. Was er früher war, ist vorbei; etwas ganz Neues hat begonnen." (2. Korinther 5,17)

600 Oberstufenschüler quetschten sich auf die Bänke in unserem Ferienlager, die um ein knisterndes Feuer standen. Der anheimelnde rote Schein der schwelenden Glut fiel auf ihre Gesichter.

Ein Leiter begleitete ihre Lieder mit der Gitarre. Ein anderer trat auf die kleine Bühne und sagte:

„Eine großartige Woche liegt jetzt hinter uns. Gott hat in dieser Zeit einige unglaubliche Dinge getan. Viele von euch werden morgen als andere Menschen nach Hause zurückkehren. Wir möchten gern etwas darüber hören. Wir wollen nicht einen Seelsorger, einen der Redner oder einen Mitarbeiter loben, sondern wir wollen unser Lob direkt an Gott richten."

Ein Schüler nach dem anderen erhob sich und erzählte, was mit ihm geschehen war. Ein Sechzehnjähriger gestand, daß er Drogen von zu Hause mitgebracht, sie am Mittwoch aber in die Toilette gespült habe. Eine Vierzehnjährige gelobte unter Tränen, sich nicht mehr gegen ihre Eltern aufzulehnen. Mehrere Schüler hatten Christus als ihren persönlichen Retter angenommen. Für eineinhalb Stunden legte sich eine heilige Stille über die Runde, als Dutzende um Fürbitte und Ermutigung baten.

Hoch über den Teilnehmern, vor ihren Blicken durch die Schatten einiger Pflanzen geschützt, saß ich allein und hörte zu. Die Woche lief noch einmal mit all ihren Zwiegesprächen, Diskussionen und Seelsorgestunden an mir vorüber. Ich hatte mich mit vielen Schülern unterhalten, aber leider würden sie in meiner Erinnerung allmählich verblassen. Nur einige wenige würde ich nicht vergessen.

Julia gehörte dazu. Ich kam einfach nicht über ihre Worte hinweg.

Wieder und wieder hörte ich sie schreien: „Jesus, fahr zur Hölle!"

Seit unserem Gespräch Anfang der Woche hatte ich Julia nicht mehr gesehen. Ich hatte keine Ahnung, was sie machte. Einige der Mitarbeiter mochten nicht ausschließen, daß sie sich ihre Pulsadern wieder aufschneiden würde, falls sie nicht vorher von zu Hause wegliefe. Von meinem versteckten Aussichtspunkt versuchte ich angestrengt, sie in der Menge unter mir auszumachen, es war aber zu dunkel. Vielleicht war sie gar nicht da.

Ich warf einen Blick auf meine Uhr – halb zwölf! Die Zeit schien davonzulaufen. Joe war wieder auf der Bühne und fragte: „Möchte noch jemand etwas sagen, bevor wir das Abendmahl feiern?"

Plötzlich hörten wir Julia weinen. Zwei ihrer Freunde begleiteten sie nach vorn. Sie wischte sich die Tränen aus dem Gesicht und begann zu sprechen. Niemand rührte sich.

„Als ich hierhin gekommen bin, habe ich diesen Ort gehaßt. Ich habe mir immer gedacht: Das ist doch ein einziger Haufen von Scheinheiligen und Heuchlern. An den Veranstaltungen habe ich nur teilgenommen, weil mich meine Betreuerin so sehr dazu gedrängt hat. Ich habe mich immer nach hinten gesetzt und mich geweigert zuzuhören.

Dewey hat diese Mauer der Ablehnung zertrümmert. Warum hat er das ganze Zeug über seinen Vater an dem einen Abend erzählt? Ich wollte nicht über meine Familie nachdenken. Deswegen bin ich auch hierhin mitgefahren – nur um von ihnen wegzukommen. Er hat aber immer weitergeredet. Ich habe versucht, seine Worte innerlich abzublocken. Während er sprach, habe ich über meine Eltern nachgedacht und darüber, wie sehr ich sie gehaßt habe.

Ich bin dann hinausgelaufen, aber meine Betreuerin hat mich gefunden. Sie hat mich zur Kapelle zurückgebracht, und wir haben auf Dewey gewartet, der noch mit einigen von euch gesprochen hat. Dann ist er zu mir gekommen.

Ihr hättet sein Gesicht sehen sollen", schmunzelte Julia jetzt. „Wahrscheinlich habe ich ihm einen ordentlichen Schock verpaßt. Einige von euch haben dabei aber auch ziemlich witzig ausgesehen. Er hat gesagt, ich könne Jesus alles sagen, was ich wolle. Das habe ich auch gemacht. Ich habe ihm gesagt, er solle zur Hölle fahren. Und das war ernst gemeint.

Meine Eltern hätten mich dafür geschlagen, verflucht und aus dem Haus gejagt. Dewey hat nichts dergleichen getan – auch keiner von euch. Die ganze Woche konnte ich seine Antwort nicht vergessen. Meine Betreuerin hat mich sogar umarmt, und Dewey hat mich ganz ruhig angesehen und etwas gesagt, was mein Leben verändert hat."

Ich fröstelte, weil die Bergluft inzwischen kühl wurde. Alle Augen waren gebannt auf Julia gerichtet. Die kleinen Rauchfahnen, die von den verbrannten Holzscheiten aufstiegen, verloren sich in der Stille der Nacht, als ob sogar die Natur den Atem anhielte.

„Als ich Jesus sagte, er solle zur Hölle fahren, hat Dewey mich angesehen und gesagt: ‚Julia, das hat er bereits getan. Vor 2000 Jahren hat er dein Gebet erhört. Er hat an seinem Körper alle Qualen der Hölle für dich erlitten. Wie kannst du einer solchen Liebe den Rücken zukehren?'"

Julia konnte nicht weitersprechen. Einige Freunde und ihre Betreuerin versuchten, sie zu beruhigen.

Schließlich gewann sie ihre Fassung zurück und stand noch einmal auf. Durch ihre Tränen hindurch stammelte sie: „Ich hätte nie gedacht, daß mich jemand liebt. Jetzt weiß ich, daß Jesus mich liebt. Er liebt mich so sehr, daß er sogar die Hölle für mich erlitten hat. Ich möchte euch nur noch sagen, daß ich Jesus und euch alle lieb habe. Morgen fahre ich nach Hause und sage meinen Eltern, daß ich sie jetzt liebe."

Ich lehnte mich an einen Baum. Gerade war ich Zeuge eines Wunders geworden. Nur Gott konnte Julias Herz so verändern. Mit seiner Hilfe hatte sie ihren Kampf gegen die Bitterkeit gewonnen.

Und was ist mit dir? Wie steht es mit deinem Kampf? Gewinnst oder verlierst du ihn? Ich hoffe, daß dieses Buch dir helfen wird, einen Sieg zu erringen und das so schädliche Unkraut der Bitterkeit und der Wut ein- für allemal mit Stumpf und Stiel auszureißen! Möge Gott dir immer nahe sein, wenn du seine Kraft dafür brauchst.

„Er [Jesus] gehört nicht zu denen, die kein Verständnis für unsere Schwächen haben. Im Gegenteil, unser Oberster Priester wurde genau wie wir auf die Probe gestellt, und blieb doch ohne Sünde. Darum wollen wir mit Zuversicht vor den Thron treten, auf dem die Gnade regiert. Dort werden wir immer, wenn wir Hilfe brauchen, Liebe und Erbarmen finden" (Hebräer 4,15.16).

Weitere Bücher aus dem Blaukreuz-Verlag Wuppertal und dem Blaukreuz-Verlag Bern

Ray Burwick
Du bist besser, als du denkst
Wege zu einem gesunden Selbstwertgefühl
3. Auflage
136 S., Pb., Illustrationen, z. Z. DM 19,80 / öS 147,00 / sFr. 20,00

Viele Menschen finden keine Lebenserfüllung. Trotz gesicherter Verhältnisse sind sie plötzlich am Ende. Die verborgenen Ursachen: ein verzerrtes Selbstbild und ein schwaches Selbstwertgefühl. Der Autor (selbst Betroffener) zeigt authentische Wege zu einem gesunden Selbstwertgefühl. Zahlreiche eindrucksvolle Fallbeispiele vertiefen die Aussagen dieses Buches.

Tom Klaus
Wenn Vater zuviel trinkt
Neue Perspektiven für junge Leute und ihre Helfer
104 S., Pb., Illustrationen, z. Z. DM 19,80 / öS 147,00 / sFr. 20,00

Der Autor stammt selbst aus einer Alkoholikerfamilie. Er entfaltet anschaulich und mit zahlreichen Fallbeispielen die Regeln und Rollen, die in einer Alkoholikerfamilie unbewußt gelten. Zugleich weist er auf die schädlichen Langzeitfolgen hin, die die Alkoholabhängigkeit des Vaters oder der Mutter mit sich bringt. Das engagierte Buch läßt sich so auf den Punkt bringen: Du kannst deinen Vater oder deine Mutter nicht ändern – aber du kannst dich selbst ändern. Und das mit Erfolg.

Christina Parker
Ich weiche nicht mehr aus
Leben mit einem alkoholabhängigen Partner
144 Seiten, Paperback, z. Z. DM 19,80 / öS 147,00 / sFr. 20,00

Partner von Suchtkranken sind oft in ihrem Selbstwertgefühl erschüttert und sehen keinen Ausweg. Die Autorin beantwortet aus eigenem leidvollem Erleben die verzweifelten Fragen der Mitbetroffenen. Eine Angehörige: „Dieses Buch ist das Beste, was ich bisher gelesen habe. Mit jedem Satz kann man etwas anfangen."

Weitere Bücher aus dem Blaukreuz-Verlag Wuppertal und dem Blaukreuz-Verlag Bern

Karl Lask
Wir brechen das Schweigen
Kinder von Alkoholabhängigen wecken Hoffnung
136 S., Pb., Illustrationen, z. Z. DM 19,80 / öS 147,00 / sFr. 20,00

Kinder aus Familien mit einer Suchtproblematik durchbrechen ein weit-verbreitetes Tabu und berichten offen über ihr leidvolles Erleben. Die Kommentare des Autors, der jahrzehntelang intensiv mit Familienange-hörigen gearbeitet hat, ermutigen Jugendliche, Eltern und Angehörige, über Gefährdungen nachzudenken und ihnen entgegenzuwirken.

Margaret J. Rinck
Können Christen zu sehr lieben?
Beziehungsabhängigkeit überwinden
176 S., Pb., Illustrationen, z. Z. DM 21,80 / öS 162,00 / sFr. 22,50

Müssen Christen andere Menschen nicht genauso selbstlos lieben, wie Gott uns liebt? Viele Christen sind verunsichert. Sie glauben, sie müßten immer für andere da sein. Wer solche Beziehungen eingeht, steht in der Gefahr, beziehungsabhängig zu werden. Christliche Nächstenliebe ist davon sehr wohl zu unterscheiden! Die Autorin weist Merkmale der Selbstschädigung auf und bietet Hilfen an.

Heidi von Wedemeyer
Ohne Ärger geht es nicht
Aggressionen als Wegweiser zu uns selbst
3. Auflage
64 Seiten, Taschenbuch, z. Z. DM 10,80 / öS 80,00 / sFr. 11,00

Aggressionen hat jeder von uns: Könnten wir sie doch loswerden! Ver-drängen ist keine Lösung. Angesagt ist die ehrliche Auseinandersetzung mit ihnen. Das bleibt ein lebenslanger, spannender Prozeß. Dabei geht es um eine gesunde Selbstkraft, die uns liebesfähiger machen kann.